CONTEMPORARY LANGUAGE ST

GENERAL EDITOR: Emeritus Professor F. M. Willis

Based on an original plan, this series is a new venture in publishing for modern language students, and aims to promote the interdisciplinary study of language and of the sociocultural context in which language is used and evolves.

Its predominant concern at present is with French studies, and this governs the selection of themes. At the outset, however, the programme provides for a general text on linguistics designed for students not only of French but of other European languages also.

The series is addressed to all who are concerned with the study of France and its language, and is of special value to two broad categories:

1. Modern language students who are engaged in a new discipline (e.g. economics, politics, business studies) involving new concepts and requiring them to acquire a new technical lexis and a new style of writing or speech.
2. Students of social sciences, management and business studies taking a modern language course requiring application of the principles or theory already acquired in their primary discipline.

PUBLISHED

French for Management and Business by Brian Griffiths and Jacques Jochum
Contemporary French Society by Linda Hantrais
Linguistics for Language Learners by Anthony F. Hartley
The Contemporary French Economy by Graeme M. Holmes and Peter D. Fawcett
Contemporary French Politics by Malcolm Slater

See overleaf for information on series standing orders.

French for Management and Business

Brian Griffiths
Senior Lecturer in French
University of Bradford

and

Jacques Jochum
Maître de Conférences
Ecole de Management Européen, Groupe IECS
Université Robert Schuman, Strasbourg

Cover design and illustrations by David Burn

MACMILLAN

First published 1990
Reprinted 1991

Published by
MACMILLAN EDUCATION LTD
Houndmills, Basingstoke, Hampshire RG21 2XS
and London
Companies and representatives
throughout the world

Printed in Hong Kong

British Library Cataloguing in Publication Data
Griffiths, Brian
French management and business. – (Contemporary
language studies).
1. French language. Business French
I. Title II. Jochum, Jacques III. Series
808'.066651041
ISBN 0–333–43246–0 (hardcover)
ISBN 0–333–43247–9 (paperback)

Contents

List of Tables

Acknowledgements

To the copyright-owners and publishers who kindly gave their permission for us to use the extracts in the book (see below), to Gordon Doble, Claire Griffiths and other colleagues who so generously gave of their time and counsel, to Krystyna Niczyperowicz, who with Sue Horsley and Anthony Grant so efficiently word-processed the manuscript, to Frank Willis, who so patiently encouraged and advised throughout the project's long gestation, and of course to all those *promotions* of students whose hard work and cheerful feedback helped to shape the materials in the book – a *grand merci.*

The authors and publishers wish to thank the following who have kindly given permission for the use of copyright material:

Frank R. Brown for 'A "domino" theory used in automation', *The Times,* 16 February 1988.

Economica for adapted material from 'Le management pratique de l'entreprise' by Max Moreau, *Economica,* 1980; and 'Les managers face aux futurs' by René Dessal, *Economica,* 1982.

Editions Bordas, Dunod Gauthier-Villars for adapted material from *Le sondage, outil du marketing* by J. Antoine Dunod/Bordas, 1981; and *Comment implanter et utiliser la bureautique dans votre entreprise* by J. P. Mairet and S. Pestel, Dunod/Bordas, 1985.

Les Editions Foucher for material from *Parler bureautique et télématique* by M. Reix, 1986.

Editions du Moniteur for material from *Le Marketing du réel* by Claude Matricon. Copyright 1985 Editions du Moniteur.

Entreprendre for material from 'Faire fortune dans les services Minitel' by T. le Goff, *Entreprendre,* August 1987.

Groupe Usine Nouvelle for adapted material from 'Sous-traitez la gestion de votre parc automobile' by C. Waysman, *Usine Nouvelle,* 34, 25 August 1983; 'Etats-Unis, l'ascension des femmes' by S. Bommel, *Usine Nouvelle,* 8 September 1988; 'Gestion de production, l'approche américaine' by Pierre Laperrousaz, *Usine Nouvelle,* 34, 25 August 1983; 'Ensemble de stockage et de manutention automatisée' and 'Lettre de Grande-Bretagne', *Usine Nouvelle*, 36, 8 September 1988; and 'Un américain à Lyon' by A. Vidalie, *Tertiel,* 38, July 1988 and 'Suède: la restructuration industrielle', *Tertiel,* July/August 1988.

The Controller of Her Majesty's Stationery Office for material from 'The Single Market: an action check list for business', *Europe Open for Business*.

Librairie Vuibert for material from *L'étude du marché* by Y. Négro, 1987; *L'informatique sur mon bureau* by J. P. Peaucelle, A. M. Alquier-Blanc, M. F. Barthet, E. Briys and M. Klein, 1988; and adapted material from *La Publicité* by Sylvère Piquet, 1981.

Management Today for material from 'Drucker on the record' by G. Foster,
Management Today, September 1987; 'No time for heroes' by R. Heller,
Management Today, May 1988; 'Leader for the future' by P. Benton,
Management Today, May 1988; and 'The art of necessity' by Annabella Gabb,
Management Today, May 1988

Le Monde for adapted material from 'Un caddie nommé desir' by Josée Doyère, *Le Monde Affaires,* 21 February 1987.

Times Newspapers Ltd for 'Plastic magic makes the motoring easier' by Derek Harris, *The Times,* 7 March 1988.

Every effort has been made to trace all the copyright-holders, but if any have been inadvertently overlooked the publishers will be pleased to make the necessary arrangement at the first opportunity.

Introduction

To the Student

Being a student of French must mean that you like the language, that you are aiming to become highly proficient in its use and, very probably, that you hope later on to spend some or even all of your time in contact with the language and culture of France or other French-speaking countries. By combining French with management, business or another related discipline you have shown a preference for a less literary, more applied focus for your degree or diploma course. It is important, however, to be clear about one thing at the outset: you have not chosen an easy option. You will be expected to handle the foreign language as competently as a 'traditional' modern linguist–and in certain respects even better, bearing in mind the vocational slant to your studies and the likelihood that your future rôles will involve not only written but direct personal contact with French-speaking people in the real world of industry, business and commerce.

The degree you are aiming at will not in itself get you a job, but it will entitle you to apply for the sort of job you will be keen to do. The more skills you can deploy and the more adaptability and confidence you can display, the greater your chances of doing varied, responsible and satisfying work and making progress in the field you have already set your sights on. The various components of your course are designed to help you acquire the knowledge and skills required by tomorrow's executives in an increasingly competitive world. In particular, your French studies will concentrate on developing rapid comprehension, clear analysis and effective spoken and written communication.

A glance through the pages of this book will show you the sort of thing you can expect to be practising over the next year or so: reading and understanding texts; explaining, discussing and reformulating the ideas they contain; developing useful skills like dissecting or presenting an argument, summarising or translating information, working on a project with others and explaining the results. You will find some of the texts and activities straightforward, while others will need careful thought and an element of research; in all of them there are opportunities for handling useful ideas, grappling with realistic problems and manipulating real language, with the overall aim of challenging you to develop your already considerable capacity for communicating in French and English. The texts which start each chapter are all related to industry or commerce but are not highly specialised, being accessible to an educated reader with an interest in these fields; the ideas they contain will already be familiar from your other studies (or are likely to be encountered shortly, in which case meeting them first in French will give them an extra dimension); so, rather than demanding detailed specialised knowledge, they will call for common sense, an interest in the field and a willingness to make intelligent use of dictionaries and other sources of information.

A few words of advice about your approach to this course may not come amiss. First of all, it is important to realise how vital it is to prepare each *text* as thoroughly as you can well before you meet as a group to go through it for the first time; for obvious reasons, the same applies to the *questions* on the text. Where you are not quite certain of the meaning, the more you use your dictionaries and reference books, the sooner you will develop a 'nose' for where the answers to your questions and the solutions to your problems are to be found, and such a nose is sure to be an invaluable attribute for anyone whose future professional tasks will include the rapid analysis of written material. If everyone in the group prepares the text carefully (which means aiming to understand precisely what the writer meant rather than skimming through for a more or less general impression) the subsequent activities can be tackled with fewer hold-ups and thus much more fruitfully.

Secondly, let us say a word about the *group activities* (the projects, discussions, role-playing exercises, presentations and so on.) These have special significance in any course for future executives. By providing opportunities for the sharing of certain tasks (some easy, some more demanding) these activities help to develop not only foreign and mother tongue language skills but also skill in handling ideas and confidence in dealing with people. The settings for the exercises are realistic, but even so there is plenty of scope for individuality, imagination and enthusiasm. This last is the most important element of all, as such exercises work really well only when everyone joins in wholeheartedly and enters into the spirit of the situation; so the message is «jouez le jeu» and enjoy it!

To the Lecturer

Looking for a synthesis

In most foreign language degree courses the broad aim in the first year is to consolidate basic language skills while establishing the intellectual foundation for more advanced and specialised studies to come. In the case of combined or modular degrees of the type envisaged here, the objective of real communicative competence – in interpersonal as well as in receptive and productive skills – can surely also be taken for granted. By the second year, or even earlier, it is also to be expected that these students will be looking for ways of combining their more advanced language work with possible future specialisations. This natural and sensible search for a synthesis of course elements was the starting-point for *French for Management and Business*. Although the course materials were designed primarily for the second year of a three- or four-year degree course, teachers may find some groups of students ready for the stimulus of this type of work as early as the third term of the first year.

The teacher in the driving seat

The course is ready-made only in the sense that it relieves the lecturer of much of the grind of finding, adapting and presenting suitable material. In using it the teacher will constantly be deciding which topics are most appropriate to the current needs of the group (perhaps even relating their timing to that of other course elements) and how much help to provide (too much and individual research and discovery could be stifled, too little and frustration could take its toll); he or she will also need to decide which of the numerous exercises are to be done and in what order, and whether they are to be tackled in the way suggested or whether a different approach would be more fruitful (oral as opposed to written treatment, for example, or group as opposed to individual work and so on). Another question never far from the lecturer's mind is whether additional related material (a magazine article or a video clip, for example) could profitably be introduced to complement, update or illustrate the material in the book.

The topics

It is expected that most of the notions the students encounter in the texts and activities will be familiar: they will generally have been studied already, and if not they are likely to come up before long. The primary purpose of the texts is therefore not to teach informational content, but rather to serve as both vehicle and context for the acquisition of essential language functions and practical skills. Even where in a particular case the topic material does break new ground, that is no bad thing either, since common sense and good research technique should enable the student to cope; though not always easy at the time, this search-and-discovery experience has often been found to give a gratifying fillip when the topic is subsequently encounted in a non-French context. This process is of course also intended to be useful preparation for the time–not too far ahead – when today's neophytes, whether as *stagiaires*, final year students or young professionals working in the field, find themselves having to cope with whatever 'raw' source material comes along.

Introduction of other materials

The texts are just long enough to provide a basis for productive discussion and realistic language activities. The twelve topic areas selected are intended to be reasonably representative of the needs and interests of students following the type of degree course envisaged. But as they are no more than a selection it is certain that teachers will constantly be introducting other materials with other discourse types and levels of register, from an even wider spectrum of sources (newspapers, magazines, radio, TV, books, personal contacts and so on). They will also want to include items intended to update or complement the topics covered here (by, for example, keeping an eye on magazines such as the weekly *Usine Nouvelle*, or following radio programmes such as France Inter's weekly 'rue des Entrepreneurs' or Antenne 2's monthly TV broadcast 'Enjeu', as well as other specific topics as and when a particular need is felt). Teachers will be equally aware of the vital importance of ensuring that the student keeps in touch with 'general' French culture (arts and entertainment, social issues, political and economic questions, science and technology).

The texts

It is worth insisting that the texts be *thoroughly* prepared, which means that students should not come along to class with any uncertainties that could have been resolved by the use of a good dictionary or an accessible reference. If students are to develop efficient working methods and sound research techniques, they must use dictionaries intelligently, they must learn to identify and consult sources, track down references, verify first impressions, and so on. For this reason, therefore, the only glossary help given here (in the form of *glossaire* notes at the end of the texts) covers terms which are not to be found in recent editions of *le Petit Robert, Collins-Robert* or *Harraps Shorter French and English* Dictionaries. (Some suggestions for further sources of information are contained in the *Bibliographie Générale*. Comprehension problems – as distinct from mere lexical obstacles – are another matter; there are bound to be some of these if the material is to be worthy of our students' steel, and it might be worth conducting a round-up of such problems in the first minute or so before embarking on a detailed study of the text in class; this is not to say that these questions should necessarily be answered at this stage: it might be better simply to identify and recognise them, thus gauging the difficulty of the piece as a whole, and then when you come to each point in the text solve the problem in its context. (Those of us who practise this 'Any intractable problems, before we start?' technique will know that asking the question will not necessarily winkle out every problem, especially early on in the course when students are more reluctant to advertise what they see as a failure to understand. A certain amount of teasing out of known or suspected *écueils* is usually indicated, especially as the process also serves to show those few students who had sailed past a problem in blissful ignorance that there was more in the text than met their eye.) Although the twelve chapters do of course present a broad progression in level of difficulty, the order in which they are tackled will be very much a matter for the teacher's discretion.

Research and further reading
Where practicable the students should be encouraged to explore the source text further, for its own sake, of course, and also because in some cases the chapter or article from which the extract is taken will be found to be particularly valuable as a source of ideas and information for the exercises, discussions, essays or other activities. (To take one example: in Exercise 8 of Chapter 9 it will be interesting to compare the students' list drawn up at the end of their discussion with the deliberately polarised distinctions set out in the table on p. 152 of Gélinier's book.) In addition to the source texts, other suggestions for further reading are contained at the end of the *Bibliographie Générale*.

The exercises and activities
Teachers who have charge of a second-year degree group can, and no doubt will, suggest a wealth of ways of handling language work activities of the type included in this book, so it is proposed here to offer no more than a few pointers which have emerged from the authors' experience of developing the material. The first and most important point to make is that the rubrics and instructions to students should be regarded as negotiable. Although the work can profitably be done in the ways suggested, the personality of the group, the personalities in the group, external factors, known strengths and weaknesses, the need to move quickly or to introduce a fillip, an unexpected opportunity – any of these might at any time radically change a scenario or suggest tackling, say, part or all of a written exercise orally, or mixing and matching exewrcise features (for

example, providing a written résumé of one's own or someone else's exposé, or presenting an impromptu *rapport oral* on the progress the students have made on a group project). Similarly, although topics for discussion are included as discrete, more or less formal exercises, opportunities will certainly arise for turning other questions and clarifications into useful mini-discussions, especially as some of the opinions expressed in the course material will be unlikely to pass unchallenged (in Chapter 1, for example, fruitful debate could just as readily be triggered by two of the texts for translation in Exercise 10 as by the discussion of the topics in Exercise 6). Most of the group exercises can be tackled by sets of any size – pairs, small or large groups, the whole class – but in practice the lecturer will normally have good reasons for deciding what the best size will be in each case. It is assumed that all or most class activities will be conducted in French (possible exceptions being, for example, certain grammatical explanations and the exploration of nuances in translation exercises).

Recordings

Before starting on a new chapter, and before reading the printed texts, students could be encouraged to listen to a tape recording made by the foreign language assistant or other native speaker. A useful additional exercise is to make notes – without stopping the tape – with a view to formulating as clear a picture as possible of the gist, and then checking these impressions from subsequent careful study of the printed text.

Parts of the native speaker's recording of a text could also be used for phonetic practice in the language laboratory. Even at this level students enjoy the occasional challenge of that simple-sounding but phonologically complex exercise, 'shadow reading'. In this exercise the recording of part of the text is played, the student's task 'simply' being to pick up the rhythm and read along with the native speaker for a paragraph or so. On replay the student is expected to identify and subsequently correct any deviations from the native model's intonation, rhythm, stress and pronunciation, and finally to re-work the exercise with the aim of producing a perfect 'fair copy'. Needless to say, the process requires careful training in discrimination, keen self-criticism and energetic monitoring and encouragement from the teacher at the console. The easily-satisfied or lazy-eared students can be identified and given extra attention, while the best performances could well be worth playing to the whole group as an encouragement.

Aural comprehension and aural précis
Variants of these aural activities can be introduced in the language laboratory – perhaps most usefully later on in the course. The new material is sent out from the console, textbooks closed, with the students listening, making notes and then either recording a short account of the gist in French or English, or answering some general questions put by the lecturer. Alternatively, the activity can be a study session in which the new material is sent out with the students making notes of the main points and of the counter readings at any points where the thread has been lost; those who need to can go back and try to elucidate the tricky points, if necessary with help over the intercom from the teacher.

The 'Répondez' exercises
It is worth emphasising to students at the outset that, where the question is straightforward, as is the case with a good number of them, the answer – whether written or expressed orally – should be more than an obvious, plain restatement of the words in the passage, and that, on those rare occasions when a one-word answer is theoretically possible, such a minimal reply is not the object of the exercise: lively, interested and interesting responses should be established as the norm.

Part or all of the 'Répondez' exercise could at times usefully be conducted in the language laboratory. Answers to the live or pre-recorded questions are recorded on students' tapes, with or without review and 'polishing' by the student; the tapes are collected up for the tutor's comments and assessment; a sample of the best responses could subsequently be played to the whole group.

The exposé
Whether presented individually, in pairs or in teams, the exposé will normally be a live activity – performing in front of other people being, after all, the object of the exercise. However

it may at times be appropriate (very early in the course, say, or later on when coursework assessments are needed) for certain individual exposés to be recorded in the language laboratory and collected up for subsequent review by the lecturer. Audio and video recording of live presentations from, say, the second term onwards also has much to recommend it, and not merely for the way it concentrates the performers' minds; it also has a useful contribution to make in group activitiy, individual diagnosis and remedial work. Early on another potentially useful activity is to invite students to comment on each other's performances, perhaps with a check-list (for example *Presentation*: shape, organisation, introduction, conclusion, contact; *Content*: coverage, quality of argument or information; *Language*: clarity, variety, accuracy, appropriateness).

Projecting class exercise material

One last point on the exercises. All teachers will know how valuable and powerful a tool the overhead projector is, particularly in the case of class exercises where the need is to concentrate everyone's attention on one written formulation in order to analyse, shape or modify it. Students may be less familiar with the use of Cellofilm sheets – those inexpensive transparencies that can be written on directly with a ballpoint or felt-tip pen. If the exercise (résumé, say, or translation) is a fairly lengthy one and a contribution or even a complete solution is required from each student, one possible technique is to get the students to write their drafts on Cellofilm sheets, collect them all up (possibly for later assessment) but to show only a selection of them on the overhead projector, perhaps choosing just a sentence or two from each one and progressively working through the whole text, inviting comments or improvements upon each example shown. When a set of corrected drafts is returned in a subsequent class it may well be appropriate to show the class the best versions, or some interesting extracts, on the overhead projector. If time is short and an exercise has to be fitted in quickly, an alternative procedure is to split the text into half a dozen sections and share the sections more or less evenly among the students (or pairs or mini-groups). Their Cellofilm drafts are collected up and a selection of their solutions is shown on the screen for comment (preferably starting with the first section, of course, and working progressively through the other sections).

The prepared transparency can occasionally have a particulary useful rôle in the return of students' scripts after marking. A particularly good translation, essay, résumé or report, or an interesting extract, can be copied onto an infra-red transparency and shown (with the writer's prior agreement, of course) to the whole group for their observations. (So as not to influence the discussion it is preferable for the lecturer to display a student's work in its unmarked form; the transparency should therefore be made before the lecturer writes any marks or comments on the script.)

A tangible end-product

Sometimes discussion, oral checking or a quick run-through of the material will suffice, but more often than not the teacher will be aware of the need for consolidation or confirmation, and will require a more or less formal or tangible end-product from the students (written work, oral presentation, recording and so on) in an assessable form. This does not necessarily mean a pile of scripts or tapes for the lecturer to take home for marking–in many exercises students can check their own or others' work with the help of verbal, taped, photocopied or projected checklists, a process which has the advantages of quick confirmation, immediate feedback and involvement in quality control.

Educational technology

Given that the availability and the perceived usefulness of the various aids and resources which educational technology can offer (language laboratory, video and audio recording and playback, mediathèque, recording studio, tape copying and editing facilities, computer-aided language learning, speech synthesis, interactive video and so on) vary so much from institution to institution and from course to course, it would be quite inappropriate here to do more than indicate some of the more accessible ways of treating some of the activities included in the course. It will be obvious, however, that most of these activities could be more efficiently conducted and some objectives more quickly achieved if technical aids were used regularly or occasionally. Some possible applications of the more readily available technical resources (overhead projector, language laboratory, audio and video recording and playback systems) are summarised in the Appendice.

Envoi

Whatever balance may eventually emerge from these considerations, whatever cocktail the course designers and teachers may ultimately dispense from the immense variety of ingredients available to them, our experience of developing the present materials has shown that students value above all a sustained and systematic focus for their work when moving on from their more general first-year studies, and that they perceive a management and business orientation as appealing and relevant. The authors hope that students and their teachers will find that the course is not only all these things, but fruitful and enjoyable as well. *Bonne route!*

reading complete lectures, a reference to overhead projection, language laboratory, audio and video recording and playback systems are summarized in the Appendix.

Envoi

Whatever balance may eventually emerge from these considerations, whatever cocktail the course designers and teachers may ultimately dispense from the spectrum variety of ingredients available to them, our experience of developing the present materials has shown that students value above all a balanced and systematic basis for their work which they build on from their more general first-year studies, and that they perceive arrangement and balance's orientation as appealing and relevant. The authors hope that students and their teachers will find that the course is not only all these things, but fruitful and enjoyable as well. Bonne route!

1 Réussite ou échec?

Une évidence s'impose: différencier les caractéristiques des entreprises défaillantes de celles des entreprises qui s'épanouissent et réussissent. L'analyse minutieuse des causes de défaillances éclaire utilement les facteurs de réussite. Toutefois, l'enquête menée auprès d'organismes officiels et autres, sociétés d'assurance-crédit ou tribunaux de commerce, n'aboutit qu'à des constats peu révélateurs, c'est-à-dire limités aux seules conséquences apparentes. La véritable question est celle des causes.

Pour ces entreprises défaillantes, leurs échanges avec le marché se concrétisent souvent par une production de biens et de services périmés, une absence de produits de remplacement ou de substitution, un déséquilibre de l'importance de la clientèle – en ce cas la perte d'un acheteur prépondérant est fatale – un rapport qualité/service rendu/prix insuffisamment compétitif, un produit ou un service unique rendant l'entreprise trop dépendante des fluctuations économiques, le lancement irréfléchi de la firme sur un nouveau marché mal connu. Ces attitudes économiques engendrent la mévente et conduisent à l'arrêt. L'absence

d'autonomie financière se traduit le plus souvent par une insuffisance des fonds propres, du cash-flow et du profit, par un déséquilibre des capitaux empruntés par rapport aux fonds propres, par une dépendance exagérée à l'égard
25 d'un actionnaire majoritaire décideur unique, par des assurances inadaptées aux risques des sinistres encourus, par de mauvaises créances sur des clients douteux, et bien souvent aussi par une croissance trop brusque sans relation convenable avec la rentabilité.

30 Le manque de solidarité des hommes entraîne des relations de méfiance. Comme les autres sociétés latines, la société française repose sur la méfiance. Contrairement aux pays anglo-saxons, la démocratie fondée sur la confiance pénètre peu la vie quotidienne. Au sommet de l'Etat, le
35 Président de la République dispose de plus de pouvoirs que chacun de ses interlocuteurs au Conseil européen. D'autant que le Parlement n'a pas vraiment les moyens de contrôler l'exécutif et que les régions n'ont pas de substantielles responsabilités. Ce n'est pas le cas au Royaume-Uni
40 et en République Fédérale Allemande. Peu tolérants, les Français admettent mal le droit à la différence. L'entreprise fonctionne selon une formule autoritaire, où des dirigeants jaloux de leurs prérogatives ne savent pas souvent travailler en équipe, c'est-à-dire déléguer leurs pouvoirs et faire
45 circuler l'information. Il s'agit là d'une tare qui explique en partie les moins bons résultats des firmes françaises par rapport aux firmes allemandes et néerlandaises. Ce phénomène existe à cause de l'absence de consensus et de confiance en un type de société et entre partenaires
50 sociaux. Une lourde hiérarchie sévit donc, à l'excès, dans tous les secteurs de la société. Le résultat est un manque de recul, indispensable á la vie en communauté. Au pays de l'esprit, combien semblent en manquer, à partir du moment où il s'agit de leur féodalité. Trop souvent
55 prétentieux, les Français ont un contact difficile entre eux, qui gêne l'épanouissement de tous dans l'entreprise. Il en va de même vis-à-vis des autres pays, malgré d'importants progrès récents. Nos compatriotes ne voyagent pas assez et ne s'ouvrent pas sur l'étranger, alors qu'il le faut plus que
60 jamais. Il est impossible de dépasser cette relation de

méfiance immédiatement, mais, avec un minimum de temps, cela sera possible. A condition d'avoir une saine confiance en soi-même et en son pays. Plutôt que d'éprouver des complexes stupides vis-à-vis de l'Alle-
65 magne, industrialisée depuis longtemps, les Français pourraient reconnaître les remarquables progrès effectués par leur industrie et leur commerce depuis dix ans et favoriser un consensus social, en réduisant les énormes écarts de rémunération afin que tous aient les moyens de vivre
70 décemment.

Dans ce domaine, il serait plausible d'avoir des complexes vis-à-vis des Pays-Bas et de la République Fédérale Allemande. Parmi les causes de méfiance qui réduisent à un petit nombre les vrais talents spécialisés on peut citer:
75 l'incompétence, le manque de sens de l'anticipation, le manque de promptitude pour découvrir la source des problèmes réels, l'incapacité à systématiser son action, l'absence de motivation au travail.

Le savoir-faire créatrif et innovateur n'est pas une ca-
80 ractéristique suffisamment forte de l'activité exercée. L'absence de cet esprit d'anticipation qui se préoccupe de ce qui change, de ce qui commence, des activités connexes, se rencontre trop fréquemment.

La convergence de l'activité est indispensable à
85 l'équilibre du fonctionnement. Ce dernier est menacé par la perte d'un ou plusieurs équilibres internes á la vie de l'entreprise. Cet équilibre est matérialisé dans l'entreprise saine par un milieu intérieur parfaitement balancé. A l'inverse, la disproportion entre la puissance de l'équipe
90 marketing et la faiblesse d'une production surannée, l'inadéquation des moyens de recherche et d'innovation et l'insuffisance des fonds propres illustrent cette rupture d'équilibre interne. La résolution des problèmes quotidiens en l'absence de pensée stratégique, le manque de
95 définition de l'objet fondamental de l'entreprise, par exemple: 'concevoir–réaliser–vendre', et l'absence du lien organisationnel définissant méthodes et règles de fonctionnement, se remarquent à l'évidence. L'observation des caractéristiques défectueuses des entreprises défaillantes
100 conduit par corollaire à définir quantitativement et qualita-

tivement les entreprises qui réussissent et à constater bien évidemment le rôle prééminent du management de l'entreprise et son influence sur les qualités de l'entreprise qui réussit. Les faillites sont davantage dues aux hommes
105 qu'aux événements.
(Adapté de Max Moreau, 1980)

Glossaire
société d'assurance-crédit (1.4) – credit guarantee company tribunal de commerce (1.5) – commercial court fonds propres (1.17) – disposable/available capital

Références bibliographiques

Sources

M. Moreau, *Le management pratique de l'entreprise* (Paris: Economica, 1980) pp. 5–7.
G. Foster, «Drucker on the record» dans *Management Today*, septembre 1987, p. 101.
R. Heller, «No time for heroes» dans *Management Today*, mai 1988, p. 31.
«Suède: la restructuration industrielle» dans *Tertiel*, juillet–août 1988, p. 75.
D. Pinel, «Les petits signes qui font les grands chefs» dans *Challenges*, septembre 1988, p. 53.
A. Vidalie, «Un Américain à Lyon» dans Tertiel, juillet–août 1988, p. 49.

Pour en savoir plus

P. Drucker, *La nouvelle pratique de la direction des entreprises* (Paris: Les Editions d'Organisation, 1975).
H. Lesca, *Système d'information pour le management stratégique de l'entreprise* (Paris: McGraw-Hill, 1986).
H. Mintzberg, *Structure et dynamique des organisations* (Paris: Les Editions d'Organisation, 1984).
D. Moth-Gautrat, *Pour une nouvelle culture d'entreprise* (Paris: La Découverte, 1986).

Exercices

1 Répondez

a A quoi peut servir l'analyse des causes d'une défaillance?

b Ces causes sont-elles faciles à identifier?

c Quelles sont les sources d'information citées par Max Moreau?

d Parmi les facteurs qui pourraient contribuer à la mévente, distinguez ceux qui sont symptomatiques d'un manque d'équilibre dans le marketing ou la commercialisation du produit.

e A quels signes reconnaît-on une insuffisance d'autonomie financière?

f Selon l'auteur, certaines sociétés se fondent sur la méfiance. Lesquelles?

g Selon lui, peut-on qualifier le régime en vigueur en France de vraiment parlementaire?

h L'auteur constate que la performance médiocre de certaines firmes françaises s'explique par un défaut majeur dont souffrent leurs dirigeants.

(i) De quel défaut s'agit-il?
(ii) Quelle en est l'origine?
(iii) Quels en sont les résultats sur le plan social?

i Peut-on dire que le Français établit aisément des relations avec ses compatriotes et avec les étrangers?

j A quelles conditions le Français pourrait-il se libérer des effets de cette méfiance?

k Si Max Moreau porte un jugement sévère sur ses compatriotes, en fin de compte est-ce que son analyse s'avère pessimiste?

l Quelles sont les qualités partagées par une toute petite élite de managers qui leur permettent de susciter la confiance?

m Par ailleurs, les dirigeants qui n'appartiennent pas à cette élite manquent d'une autre qualité importante. Laquelle?

n Quels sont les symptômes présentés par l'entreprise qui souffre d'un manque d'équilibre dans sa structure interne, et de mauvaises communications entre les éléments de cette structure?

o Pour Max Moreau, où se situe la responsabilité de la plupart des défaillances?

2 Répondez encore

Travail oral en groupe (ou éventuellement par binômes): à tour de rôle chacun désigne un interlocuteur, lui pose une question et ensuite commente, développe ou critique la réponse reçue.

a Quand une entreprise fait faillite, l'enquête officielle n'en révèle pas les vraies causes, mais qu'est-ce qu'on peut du moins apprendre de ces enquêtes?

b Le défaut fatal qui mène à la faillite se situe souvent au niveau du produit même. Quelles sont les caractéristiques d'un produit inadapté?

c Le manager compétent doit surveiller de près les relations entre l'entreprise et la clientèle. De quels dangers doit-il se méfier en ce qui concerne les sociétés clientes?

d Pour ce qui est des relations entre la firme et des individus ou groupements influents, quelles sont les situations potentiellement dangereuses?

e L'auto-financement d'un nouveau projet est normalement signe d'autonomie financière. Quels sont les signes d'un manque d'autonomie dans le domaine financier?

f Qu'est-ce qu'il faut faire pour minimiser les risques associés aux nouveaux marchés?

g Selon vous, quelles sont les erreurs de jugement majeures que le manager incompétent risque de commettre?

h L'auteur fait des observations sur les défauts du patron typiquement latin et les qualités du patron anglo-saxon. Quels sont ces défauts et ces qualités?

i Pour vous, est-ce que l'analyse faite par Max Moreau du tempérament et des qualités du manager anglo-saxon est correcte?

j Selon vous, l'auteur a-t-il visé juste dans son analyse des caractéristiques typiquement latines?

3 En d'autres termes

Pour chacune des expressions suivantes tirées du texte formulez-en une autre qui pourrait être utilisée à sa place sans changer le sens de la phrase d'origine:

le lancement irréfléchi (l.18)
décideur unique (l.25)
sans relation convenable (ll.28–9)
le manque de solidarité des hommes (l.30)
pénètre peu la vie quotidienne (l.34)
admettent mal (l.41)
jaloux de leurs prérogatives (l.43)
partenaires sociaux (ll.49–50)
un manque de recul (ll.51–2)
il s'agit de leur féodalité (l.54)
gêne l'épanouissement de tous (l.56)
ne s'ouvrent pas sur l'étranger (l.59)
dépasser (l.60)
consensus social (l.68)
écarts de rémunération (ll.68–9)

4 Définition

Fournissez une définition en français de ces termes tels qu'ils sont employés dans leur contexte:

plausible (l.71)
complexes (ll.71–2)
systématiser (l.77)
savoir-faire créatif (l.79)
activités connexes (l.82)
convergence de l'activité (l.84)
milieu intérieur (l.88)
inadéquation (ll.90–1)
objet fondamental (l.95)
par corollaire (l.100)
qualitativement (ll.100–1)

5 Exposé

Présentez un court exposé en français sur le thème suivant:

Les circonstances accompagnant un dépôt de bilan, et les principales démarches suivies lorsqu'une entreprise dépose son bilan en France ou au Royaume-Uni.

6 Discussion

Préparez-vous à participer à une discussion en groupe sur les thèmes suivants:

a Les stéréotypes nationaux.

b «Gérer c'est d'abord communiquer.»

c «Communiquer c'est d'abord savoir se taire.»

7 Résumé

Exprimez en français en moins de 100 mots l'essentiel du troisième paragraphe (ll.30–70, Le manque . . . vivre décemment).

8 Version

Traduisez les lignes 82 à 98 (la convergence . . . à l'évidence) comme si vous deviez préparer la version anglaise de ce texte pour une revue britannique de gestion.

9 Essai

a «Peu tolérants, les Français admettent mal le droit à la différence» (ll.40–1). Ce jugement correspond-il à votre expérience des Français?

b Max Moreau, reprenant l'idée exprimée dans la dernière phrase de l'extrait, ajoute:

«Dans un milieu économique fluctuant, mais relativement prévisible, le manager inscrit le développement de l'activit´de sa firme. Responsable de sa réussite ou de son échec, sa seule excuse résultera d'une catastrophe nationale ou planétaire, provoquant une rupture économique imprévisible.»

Commentez ce jugement.

10 Thème

a Traduisez en français:

When one is trying to establish why a particular firm has gone under, the most important – and of course the most difficult – thing is to establish the underlying causes. Superficial explanations are easy to come by, but the less obvious reasons for the firm's failure can sometimes be got at only after lengthy and painstaking investigation, often involving delicate enquiries and careful scrutiny of masses of documents. Official explanations almost always point to economic factors – market fluctuations, unfavourable exchange rates, climbing interest charges, liquidity problems, wages settlements and so on. Much more rarely do they comment, for instance, on the company's management styles or internal organisation. It is often very revealing to look at these and ask questions about such things as internal communication, job satisfaction, career development, awareness of company policy, feedback on product performance, and the nature and frequency of consultation between management and workforce.

b Traduisez en français ces réflexions de Peter Drucker:

The worst mistake managements make is for a strong Chief executive officer to want carbon copies of himself. To be afraid of strength, that is the most common fault.

Certain things are also necessary. If you build a management on mutual distrust it may work well for a few years, but then suddenly collapse. Human organisations are based on mutual trust. Trusting is not necessarily liking each other, nor is it necessarily sharing the same values. It's trusting each other, knowing what to expect of each other. But you see chief executives – I've seen plenty – who really are afraid of trust, who basically run an organisation by setting everybody against everbody. No tiger-tamer has enjoyed a very long, healthy life. Eventually the tiger gets you.

So one has to cultivate trust. And that is not created overnight: it takes five years, ten years.

(*Management Today*, 1987)

c Traduisez en français ces observations de Robert Heller:

Everybody agrees that all management mountains, or hills for that matter, should culminate in a single peak: the man or woman with undivided, sole responsibility. It doesn't matter whether the supreme exponent of this theory is called the chief executive officer, as in the US, or the 'spokesman' for the managing board, as in West Germany, or the president, as in Japan, or the managing director, as in Britain – the principle and practice are the same: or are they?

In fact, the words themselves suggest some subtle and not-so -subtle differences. The German is obviously meant to be a *primus inter pares*, not a *Führer*; the Japanese, although he may have greater powers than any of them, is intended to 'preside' in a very literal sense over the deliberations and actions of his colleagues;

the American, on the other hand, is a commanding officer – a chief, who has a direct, hands-on responsibility for executive work. The British title means much the same thing, without the 'chief': a deficiency made up in recent times by the addition of the words 'chief executive'.
(*Management Today*, 1988)

11 Vos questions . . . ?

Formulez une question qui pourrait amener à exprimer les opinions contenues dans cette phrase:

> Nos compatriotes ne voyagent pas assez et ne s'ouvrent pas sur l'étranger, alors qu'il le faut plus que jamais. (ll.43–4)

Et dans celles-ci:

> A condition d'avoir une saine confiance en soi-même et en son pays. (lignes 46–47)
>
> Dans ce domaine, il serait plausible d'avoir des complexes vis-à-vis des Pays-Bas et de la République Fédérale Allemande. (ll.52–3)
> La convergence de l'activité est indispensable à l'équilibre du fonctionnement. (ll.62–3)

12 A vous de jouer

(Deux étudiants sont désignés)

Vous venez de lire les propos de Max Moreau. L'un d'entre vous choisit de contester sa thèse (élaborée surtout dans le troisième paragraphe de l'extrait) sur l'effet néfaste de la méfiance sur la société et l'industrie françaises, l'autre trouve que l'auteur a largement raison.

Avant de commencer le débat, et en complément de vos recherches personnelles, les témoignages reproduits ici (Extraits 1.1–1.3) pourraient vous être utiles. Le premier extrait est tiré d'un article intitulé «Un Américain à Lyon» qui traite de la nomination d'un Américain au poste de responsable du développement des cadres chez Rhône-Poulenc à Lyon. Le second est tiré d'un reportage sur la restructuration industrielle en Suède. Le troisième est extrait d'un article sur les signes apparents du pouvoir dans l'entreprise.

Extrait 1.1

● *«Au bureau, les relations sont assez formalistes. Les Français font une distinction nette entre travail et vie privée...»*

Quel regard Lee Wagner porte-t-il sur le style de management français? «Les similarités sont plus nombreuses que les différences...», répond-il avec une grande circonspection, non sans souligner au passage deux caractéristiques hexagonales: d'abord, la longueur des réunions de travail, «où tout le monde s'exprime en même temps». Et d'ajouter aussitôt, en homme optimiste, «que les problèmes sont ainsi discutés plus à fond». Ensuite, le formalisme plus grand des relations professionnelles entre les individus: «Les Français semblent faire une distinction très nette entre vie privée et travail, explique l'Américain avec quelque perplexité, alors qu'aux Etats-Unis, il est fréquent d'aller faire un tennis ensemble en fin de journée.» Au-delà de ces particularismes nationaux, il est un point sur lequel Lee Wagner tient à mettre l'accent: il est absolument faux, selon lui, d'affirmer que les Français travaillent moins que les Américains. Tant pis pour le vieux mythe de la «France paresseuse»... «Les Français ont peut-être droit à cinq semaines de vacances, mais leurs journées de travail sont plus longues. Chez Union Carbide, j'arrivais au bureau à 7 h 30 et j'en repartais vers 17 heures. Ici, je reste jusqu'à 18 h 30.»

(TERTIEL - N°38 - JUILLET 1988)

Extrait 1.2

LE MANAGEMENT SUÉDOIS.

Au-delà des idées reçues et des raisonnements habituels, quelle est la spécificité du management suédois? Car le dynamisme de certaines entreprises suédoises s'explique dans la manière dont leurs dirigeants gèrent et exercent le pouvoir. Avant de devenir directeur de Saab France, Dieter Merz, 43 ans, a travaillé pour Renault Suède de 1969 à 1981. "En Suède, dit-il, il y a une philosophie d'entreprise différente. Le manager suédois est moins autoritaire. Il s'agit de faire participer avant de prendre une décision. Mais le climat social est différent. On est déjà tenu par la législation à discuter ensemble de toutes les questions concernant les conditions de travail. A l'étranger les filiales suédoises sont plus autonomes pour appliquer leur propre politique que les françaises en Suède, soumises à des normes plus hiérarchiques."

En Suède, la distribution du pouvoir revêt un sens différent. Elle va au-delà des règles formelles, car certains de ses fondements du pouvoir sont liés à une histoire culturelle bien particulière. Erigé sur la base de savoir-faire ancestraux, le démarrage économique suédois s'est très vite greffé sur le dynamisme d'entreprises où est née une classe industrielle de seigneurs. Attachés à la notion de consensus, les dirigeants feront prévaloir les solutions collectives ainsi que l'absence de toute notion de prestige liée à la fonction.

L'entreprise ne se pense pas en termes externes de hiérarchies rigides. Per Kaufman, 32 ans, Insead, consultant, partage ces expériences de management suédois et français. "Dans l'analyse des problèmes, le management reste le même. Dans la mise en oeuvre, il y a des différences. En Suède, la relation est plus simple et plus directe. Être un dirigeant n'octroie pas de droits particuliers. Il s'agit d'écouter plus et de savoir que les décisions vont être acceptées par l'ensemble. Alors qu'en France, du fait de certains blocages hiérarchiques, la mise en oeuvre sera plus longue." Faute de pouvoir bien mesurer les écarts culturels d'entreprises, s'agirait-il moins de voir ce qui divise que ce qui rapproche? Suédois comme Français ont pris conscience qu'une gestion trop pesante des ressources humaines amène à des résultats décevants. Tous ont connu des crises de leur système de décision et tous se sont efforcés de le réformer. Restent dans la gestion du quotidien des manières d'agir différentes. Sans doute qu'aujourd'hui des idées plus nouvelles sur le leadership, la culture d'entreprise, les relations entre salariés et direction sont autant d'èléments importants pour légitimer un exercise nouveau du pouvoir.■

(TERTIEL - N° 38 - JUILLET 1988)

Extrait 1.3

LA FRANCE, ENTRE COLOMBIE ET MALAISIE...

Le management obéit-il à des règles universelles ou chaque pays développe-t-il son style de commandement? C'est à ces questions que répond le livre de Daniel Bollinger et Geert Hofstede, les *Différences culturelles dans le management.* Leur source d'information: une immense enquête pour laquelle quelque 116 000 questionnaires ont été envoyés dans les entreprises de 72 pays! Leur constat: il existe une corrélation entre le goût des signes de pouvoir et une plus ou moins grande distance hiérarchique.

«*Les détenteurs du pouvoir obéissent-ils aux mêmes règles que les autres? Oui, dans les pays à faible distance hiérarchique. Non, dans les autres.* écrivent-ils. *Comment le président d'une compagnie d'un pays à forte distance hiérarchique se comporte-t-il? Il a un ascenseur privé, des toilettes privées. un réfrigérateur personnel, des horaires bien à lui, différents de ceux des autres, il est difficilement accessible et essaye de paraître puissant. Au contraire, dans les pays à faible distance hiérarchique, un directeur essaye de paraître le moins puissant possible.*» L'enquête classe les principaux pays sur une échelle de distance hiérarchique, de 0 point (distance faible) à 110 points (distance forte). Entre 10 et 40 points, on trouve les pays scandinaves, l'Allemagne, la Grande-Bretagne. Dans une position médiane: les Etats-Unis et le Japon. Et nous, et nous? La France récolte un score de 68 points, ce qui la place dans le groupe des pays du tiers monde, juste après la Colombie et le Salvador, et avant Singapour!

(CHALLENGES - SEPTEMBRE 1988)

2 La gestion du parc auto

Disposer d'un parc d'automobiles toujours récent sans se soucier des frais d'entretien ou d'assurance, sans même immobiliser de capitaux . . . c'est un rêve pour le chef d'entreprise. Reste à effectuer un choix judicieux parmi les multiples prestations annexes qu'offrent les loueurs de véhicules à longue durée.

La location 'longue durée' de véhicules est née aux Etats-Unis et n'a fait son apparition en France qu'il y a un peu plus d'une dizaine d'années. Cette formule permet à une entreprise de confier la gestion totale ou partielle de son parc automobile á un loueur indépendant ou au service spécialisé d'un constructeur. L'idée a fait tache d'huile, à tel point qu'actuellement, en France, un quart des 600 000 véhicules d'entreprise sont loués en longue durée. Le Syndicat national des loueurs de voitures longue durée compte vingt-quatre adhérents (30 000 véhicules), dont trois grandes entreprises (Sogen-Avis, Letting France et la Celt) qui, ensembnle, possèdent plus de douze mille vèhicules. Cependant, 60 à 70% du marché sont occupés par les services de location des trois principaux constructeurs, Citroën. Peugeot et Renault.

Bien que souvent confondue avec le crédit-bail, la location longue durée s'en distingue nettement: en effet, elle ne permet pas le rachat du véhicule en fin de contrat et elle est

25 davantage un ensemble de services rendus à l'entreprise qu'un mode de financement. Elle vise surtout à décharger l'entreprise des problèmes de sèlection, de financement, d'entretien du parc, et éventuellement de la gestion du kilométrage, du carburant et de l'assurance.

30 Ce type de location s'adresse aux entreprises disposant d'au moins cinq véhicules parcourant chacun plus de 10 000 kilomètres par an, et convient tout particulièrement à celles qui emploient une importante force de vente, de maintenance ou d'après-vente. Le contrat de base met à la
35 disposition de l'entreprise un certain nombre de véhicules pour une durée et un kilométrage déterminés, le plus souvent deux ans et 60 000 kilomètres, mais tous les loueurs proposent aussi des contrats allant de un à quatre ans. D'autre part, une société de locations offre à ses clients
40 un contrat'à terme variable' qui permet de restituer le véhicule dès le moment où le kilométrage fixé au départ est atteint.

L'entreprise a le choix de la marque, française ou étrangère (sauf dans le cas des contrats passés avec les
45 constructeurs), des couleurs, options et aménagements divers (raison sociale, sigles, etc.). Pour faciliter le passage rapide des formules classiques (propriété, indemnisation des collaborateurs, subventions, prêts à faible taux d'intérêt, etc.) à la location longue durée, Sogen-Avis et
50 Letting pratiquent le rachat du parc préexistant, avec possibilité pour l'entreprise d'en relouer tout ou partie.

L'atout principal de la location longue durée réside dans la gamme des prestations proposées en option par les loueurs, moyennant une majoration du loyer de base. Il
55 s'agit notamment de l'entretien régulier du véhicule, c'est-à-dire des révisions prévues par le constructeur (freins, carburateur, embrayage, et même jusqu'à l'échange standard du moteur), et des réparations mécaniques, à condition qu'elles n'aient pas été rendues nécessaires par une
60 faute du conducteur. Le contrat peut également inclure le remplacement des pneus. En outre, le loueur peut aussi se charger de l'assurance des véhicules, mais il s'agit là d'un service onéreux – comme il fallait s'y attendre, vu le coût élevé des primes d'assurance.

65 Une seule société propose une option 'carburant' qui
permet aux utilisateurs du véhicule de s'approvisionner
auprès de certains distributeurs sans rien débourser, grâce
à une carte de crédit spéciale. Une facture est envoyée en
fin de mois à l'entreprise locataire.

70 Ce principe selon lequel les collaborateurs de l'entreprise
cliente n'ont rien à débourser est d'ailleurs caractéristique
de la location longue durée, car toutes les dépenses sont
réglées au moyen de bons détachables, facturés directement au louer l'enterprise, locataire payant un loyer
75 mensuel ou trimestriel forfaitaire non révisable. Les avantages de cette formule du forfait sont en premier lieu qu'elle
permet de réduire au maximum les frais de gestion,
puisqu'il n'y a pas de dépenses inattendues, et en deuxième lieu que le locataire n'a qu'une seule facture à régler
80 par mois pour l'ensemble du parc. L'inconvénient
–inséparable, d'ailleurs, de toute formule classique de
mutualisation du risque–est que les entreprises soigneuses
sont désavantagées: certains loueurs proposent donc une
location dite 'à livre ouvert',dans laquelle le loyer varie
85 en fonction de l'utilisation réelle du parc automobile. Cette
formule, prime aux "entreprises raisonnables", a été élaborée pour permettre une rentabilisation optimale du parc
auto. Elle sera en priorité choisie par des entreprises où
chaque véhicule est affecté à un collaborateur
90 déterminé. Pour compléter, la Celt et Sogen-Avis envoient
tous les mois à leurs clients des états informatiques,
véritables tableaux de bord du parc d'automobiles
(kilométrage parcouru et écart avec les prévisions, montant
95 des frais d'entretien et de réparation, éventuellement
consommation de carburant). Ceux-ci détiennent ainsi les
éléments pour corriger des erreurs d'estimation initiale,
détecter les anomalies éventuelles (trop ou pas assez d'entretien pour le même conducteur) et réagir très vite à une
modification de leurs besoins. Ces listings sont établis à la
100 demande par la plupart des loueurs.

Les entreprises de location, selon qu'il s'agit de constructeurs ou de sociétés indépendantes, présentent des avantages différents: réseau plus ou moins dense, choix limité
ou illimité de véhicules, souplesse plus ou moins grande.

105 Quant aux prix, ils varient selon l'entreprise, son image de marque, l'importance de sa flotte et surtout le mode d'utilisation des véhicules. Ainsi, une entreprise de travaux publics dont les véhicules circulent essentiellement en montagne paiera des loyers plus élevées qu'une société
110 dont l'activité a pour cadre la région parisienne. La marge de négociations est encore plus large avec le constructeur, puisqu'elle s'effectue avec le concessionnaire, sur la base du prix d'achat du véhicule neuf et du montant probable de la revente.
115 La formule de la location longue durée a incontestablement des avantages, en particulier elle permet de simplifier la gestion et d'éviter une immobilisation importante de capitaux. Elle évoluera sans doute, notamment dans le sens d'une plus grande personnalisation du service rendu.
(Adapté de C. Waysman, 1983)

Glossaire
location longue durée (1.24) – contract hire
force de vente (1.33) – sales force/personnel
mutualisation du risque (1.82) – risk-sharing, mutual insurance

Références bibliographiques

Sources

C. Waysman, «Sous-traitez la gestion de votre parc automobile» dans *Usine Nouvelle*, No. 34, 25 août 1983.
«Plastic magic makes the motoring easier» dans le *Times*, 7 mai 1988.
«Location de véhicules–une bonne occasion» dans *PMI-PME Magazine*, No. 17, 1988, p. 186.
Tarifs Avis «Location de voitures», 1 avril 1988.

Exercices

1 Répondez

a Du point de vue de l'entreprise, quels sont les deux principaux avantages de la location de véhicules «longue durée»?

b Cette formule existe-t-elle depuis longtemps en France?

c Est-ce que la location longue durée a réussi à s'emparer d'une proportion significative du marché des véhicules d'entreprise?

d Ces sociétés de location sont-elles pour la plupart d'assez grandes entreprises?

e Quelles sont les différences essentielles entre le crédit-bail et la location longue durée?

f La location longue durée offre à l'entreprise cliente la possibilité de se décharger de certaines préoccupations. Desquelles?

g Quelles sont les caractéristiques des sociétés susceptibles de recourir à la location longue durée?

h Quelles sont les conditions typiques d'un contrat de base à terme fixe?

i Si le contrat de base tout court ne répondait pas aux besoins du client, quelles autres formules le loueur pourrait-il proposer?

j Dans quelle mesure le client est-il libre de choisir le véhicule qui lui convient le mieux?

k Quelles prestations supplémentaires peuvent être offertes en option par la société de location?

l Une société de location propose un service annexe complété d'une carte de crédit. Quel est l'avantage de cette prestation pour le client?

m Quant aux frais d'entretien d'un véhicule en location, l'utilisateur est-il obligé de les régler lui-même et ensuite de se faire rembourser par son employeur?

n (i) Du point de vue du client, quels sont les avantages du contrat non-révisable?
(ii) Quel est l'inconvénient de cette forme de contrat pour certains clients?

o Dans quelle mesure les services et les prix proposés par les sociétés de location sont-ils standardisés?

2 En d'autres termes

Proposez une autre formulation pour les mots ou expressions suivants:

disposer de (l.1)
reste à (l.4)

prestations annexes (l.5)
est née aux Etats-Unis (ll.7–8)
confier la gestion totale ou partielle (l.10)
son parc automobile (l.11)
a fait tache d'huile (l.12)
s'en distingue nettement (l.23)
Elle vise surtout à (l.26)
décharger l'entreprise (ll.26–7)
convient tout particulièrement (l.32)
une importante force de vente (l.33)
met à la disposition (l.34–5)
indemnisation des collaborateurs (l.47–8)
l'atout principal (l.52)
moyennant une majoration (l.54)
cette formule du forfait (l.76)
mutualisation du risque (l.82)
en fonction de l'utilisation (l.85)
une rentabilisation optimale (l.87)
affecté à un collaborateur déterminé (l.89–90)
états informatiques (l.91)
écart avec les prévisions (l.93)
établis à la demande (l.99–100)
réseau plus ou moins dense (l.103)
son image de marque (ll.105–6)
l'importance de sa flotte (l.106)
une plus grande personnalisation (l.119)

3 Définitions et précisions

A définir	*A noter, à distinguer, à nuancer...*
disposer de (l.1)	avoir à sa disposition être à la disposition de quelqu'un la disposition Prendre des dispositions la disponibilité disponible (adj) le dispositif dispos (adj)
immobiliser de capitaux (l.3)	l'immobilisation (f) immobilier (adj) mobilier (adj) le mobilier immobile (adj)

les loueurs (l.5)	louer le loyer la location locatif (adj) locataire (n et adj)
la gestion (l.10)	gérer la gérance le (la) gérant(e) gestionnaire (n et adj)
les adhérents (l.16)	adhérer l'adhésion (f) adhésif (adj) l'adhérence (f)
confondue (l.22)	confondre confus (adj) la confusion
le crédit-bail (l.22)	le bail, les baux le bailleur, la bailleresse
éventuellement (l.28)	éventuel (adj) l'éventualité
indemnisation (f) (l.47)	indemniser l'indemnité (f) de déplacement indemnitaire (n et adj) indemne (adj)
s'approvisionner (l.66)	l'approvisionnement (m) pourvoir la provision, les provisions prévoir la prévision

Les «faux amis»

Toute personne qui pratique les langues étrangères, et notamment le français et l'anglais, doit se méfier des «*faux amis*» – ces mots qui ressemblent à d'autres dans une autre langue mais qui n'ont pas le même sens; par exemple: *actuellement* et *actually*, *marmelade* et *marmalade*, *séculaire* et *secular*, *fastidieux* et *fastidious*, *abusif* et *abusive*.

Sans doute avez-vous repéré un certain nombre de «faux amis» dans la grille ci-dessus. A titre de rappel, faites-en la liste complète.

4 Version

Traduisez en anglais ll.70 à 85 (Ce principe . . . l'utilisation réelle du parc automobile).

5 Thème

a Traduisez en français:

More choice for the user in the 1990s
According to one estimate, more than two-thirds of all new cars sold in Britain in the late 1980s were company cars, and of these well over half were fleet vehicles.

Back in the 1960s drivers had little or no choice: a company tended to buy its cars from one manufacturer, selecting top-of-the-range luxury models for the senior executives and medium-sized saloons for the sales representatives with various allocations in between for middle management. By the late 1980s the 'selected fleet' was becoming more familiar, offering the employee a choice of models from two or three manufacturers. But even this degree of choice has been found to be inadequate, and it has been recognised that a user who has not been able to exercise a personal choice is less likely to take a pride in the vehicle and really look after it. The formula for the 1990s, therefore, is likely to be the 'user-chooser': the employee is free to select whatever vehicle he or she likes, up to a given price limit, although the prudent fleet manager will still impose a ceiling on insurance premiums and running costs.

b Traduisez en français pour votre chef de service cette lettre qu'il a l'intention d'adresser à une société de location française:

Dear Monsieur Ballon,

Thank you for your letter of 27 September and the accompanying brochures.

As I explained to your M. Jourdain when he called last week, the question of whether we are to set up a further subsidiary in France is still very much under discussion, and a decision is not likely to be taken before the end of next month at the earliest. I am sure you will understand that it would be premature for me to invite your company to submit a quotation at this stage.

We are, however, keen to learn as much as we can about the various types of contract hire available in France, so the documents you sent will be most helpful. In this connection, I saw no mention in the Credit Sale booklet, nor in the 'Range of Services' summary in the general brochure, of any provision for a buy-back option at the end of a credit sale period. Do I take it that this is not among the facilities your company offers?

Yours sincerely

D A N Hardwicke
Managing Director

6 Exposé

Cas précis: PME française, 350 personnes. Flotte de 18 voitures, entretien entièrement assuré par propres moyens techniques. Service commercial important, parcourant plus de 500 000 km par an, certains des VRP étant des «casseurs» de véhicules notoires. Parc auto totalement renouvelé il y a 7 mois seulement. Gestion du parc onéreuse et complexe, frais de déplacement élevés.

Faites un exposé pour indiquer au directeur commercial les formules de location longue durée susceptibles de l'intéresser.

7 Discussion

Thèmes de discussion en groupe ou mini-groupe:

a Y a-t-il des avantages financiers associés aux diverses formes de location longue durée qui sont plus évidents en période de crise économique?

b Dans le texte on ne parle guère des inconvénients de la location de voitures d'entreprises. A votre avis, quels sont les inconvénients sociaux, fiscaux ou autres qui devraient entrer en ligne de compte lorsqu'on évalue cette formule?

8 Résumé

Vous êtes en stage en France. Votre chef de service a été chargé d'étudier les moyens de réduire sensiblement les frais de transport dans l'entreprise à tous les niveaux. Il vous transmet l'article du *Times* reproduit ici (Extrait 2.1), en vous demandant d'en faire le résumé en français en faisant ressortir les élements susceptibles de l'intéresser (l'essentiel des systèmes pratiqués en Grande Bretagne, leurs advantages et inconvénients constatés jusqu'alors).

Extrait 2.1

Plastic magic makes the motoring easier

Fleet car operators are increasingly using that style of specialist plastic known as fuel cards although the latest versions are now much more than simple charge-cards, *writes Derek Harris*. They can be sophisticated management tools for tracking costs and employee performance as well as whittling down small-time fraud.

There are three leading specialist cards. Dialcard was originated by Dial Contracts, the vehicle-leasing arm for Mercantile Credit, headquartered near Swindon, Wiltshire, has been bought out by its management, with stakes held by the Prudential insurance group and Wells Fargo, the American bank. All Star, part of American-based P H & H, is also Swindon-based.

Among oil companies operating charge-cards are British Petroleum (whose scheme is operated by All Star), Esso (operated by Overdrive– and Shell. The Esso and Shell schemes usually tie users to buying only the fuel of the oil company concerned.

One estimate is that these card operations alone amount to about 625,000 cards so far in circulation. Most of the growth has come since 1983 after the launch of Overdrive and Dialcard.

Companies taking up the card schemes tend to get what they pay for. There is no charge for the simpler fuel charge-cards but the more management information provided, the more the charge grows, starting at about £2 a year a car.

Dialcard charges for the average size of car fleet about £2 a car a month. The user gets a system which helps control running costs, covering vehicle maintenance as well as fuel and oil. Transactions such

CHARGE-CARDS

as repairs, routine service, wind-screen replacement, tyres, batteries and exhausts are all covered.

Monthly transaction reports give the location as well as the name of each garage and filling station used, together with day and date. To help check on anomalies, average vehicle consumption figures are given for all vehicles of the same make and model in a given fleet.

Recently improved reports also automatically highlight questionable mileage figures and fuel costs.

David Easby, Dialcard general manager, said: "We have invested in enhanced data processing capability to further expand the system's usefulness and scope."

The depth of detail in Dialcard reports, otherwise difficult to obtain, has been increased because a substantial proportion of Dialcard customers has been found to use the monthly reports to check the routes of delivery drivers or call patterns of sales personnel. Dialcard deals with many sizes of fleet, from less than a dozen vehicles to about 5,000. The average fleet size is 75.

Detailed reports of the specialist charge-cards could help achieve better prices when a company car is sold, according to Geoffrey Faulkner, Dialgroup's managing director. He said: "He said: "When the time comes for a vehicle to be sold, the reports means the operator has a readily available service and operating record, together with independently documented meleage. There are also the running costs per mile statistics"

(SOURCE: le *Times* du 7 mars 1988)

9 Essai

Vous êtes en stage à Paris au siège d'une grande société industrielle française. Rédigez à l'intention d'un collègue français un rapport faisant le point sur la location longue durée en Grande Bretagne.

10 Etude de cas

Extrait 2.2

LOCATION DE VEHICULES : UNE BONNE OCCASION

L'idée de travailler dans la location de véhicules n'est pas récente; et pourtant, un jeune homme de trente ans l'a renouvelée en créant une société de location de véhicules d'occasion. L'entreprise Lou Eco (louer économique) a ainsi démarré en 1986 à Villiers-le-Bel. L'énergie des premiers tours de roue fut apportée par la confiance et la résolution de son conducteur. La route du départ fut tracée avec l'aide d'un sénateur et d'un cabinet d'assurance.

Le marché national de la location traditionnelle se répartit pour un tiers de véhicules de tourisme et deux tiers de véhicules utilitaires. Le jeune créateur choisissait de réduire les tarifs de location afin de toucher les cités à très fort pourcentage d'ouvriers. En offrant des services moins chers, il équilibre les données et travaille autant avec des petites voitures que de plus gros véhicules. Son parc est actuellement de dix véhicules qui roulent à 80 % en semaine, mais tout le week-end.

Les progrès constants des résultats de l'entreprise sont très encourageants et tendent à prouver que le marché est en pleine expansion. Le sérieux et la qualité des services proposés ont contribué à la fidélisation de la clientèle. Gardant comme modèle la haute-couture de la location, la société fait du prêt-à-porter de qualité à des prix particulièrement compétitifs.

Le but de la société est de monter une véritable chaîne de location de véhicules d'occasion. 1992 ouvrira à la jeune société de nouveaux horizons.

Une idée qui vaut le détour et donne envie de partir au quart de tour!

PRE 988

(*PME-PMI Magazine*, 1988.)

Exercices en groupe:

a Quelques questions:
Quels lecteurs vous semblent être visés par l'article de *PME-PMI Magazine* (Extrait 2.2)?

Identifiez et commentez les éléments stylistiques du texte – le niveau de lange, les procédés linguistiques, le lexique . . .

b En groupe ou mini-groupe, rédigez la version anglaise du texte, comme si elle était destinée à une revue mensuelle britannique qui a pour cible un public analogue.

c Deux d'entre vous sont désignés pour jouer le rôle de jeunes chefs d'entreprise qui se proposent de monter une telle affaire dans votre ville. Les autres doivent juger si un tel projet a des chances de réussir, et décider s'ils vont s'y associer comme partenaires. Jouez la scène.

11 A vous de jouer

Vous travaillez à Manchester dans la filiale d'une importante société franco-britannique du textile. Un jeune collaborateur français, en stage dans le cabinet de votre PDG, vous téléphone.

> Patrick, c'est Jean-Marc. Dis, tu as des dépliants des loueurs de voitures–Hertz, Avis, etc? Tu as quelque chose de récent? Tu penses que oui? Impeccable! Eh bien, voilà ce qui m'amène: je dois préparer d'urgence quelque chose pour le patron–une estimation des frais de mission pour une visite en France qu'il a décidé de faire la semaine prochaine. Il va en Bretagne et il veut louer une voiture à Cherbourg. Je ne sais pas encore s'il sera seul ou si un des directeurs d'usine va l'accompagner, ni s'il envisage de transporter des échantillons ou de la publicité–des brochures, et cetera. C'est la panique! Cet après-midi il faut que je lui passe les chiffres – une fourchette qui couvrira les deux options: soit une petite cylindrée (pas trop petite, quand même–tu sais qu'il a le pied un peu lourd!), soit une voiture plutôt confortable avec un assez grand coffre. En principe il sera à Cherbourq lundi en fin de matinée et repartira tard vendredi soir, mais au besoin il pourra prolonger sa tournée jusqu'au mercredi ou jeudi suivant, et dans ce cas il fera du tourisme pendant le week-end, très probablement. Voilà le problème. Tu peux me les donner, les tarifs? Tu n'as pas les brochures sous la main? Mais elles sont dans le bureau, quand même? Ouf! Bon, je te rappelle dans cinq ou dix minutes, le temps de les dénicher et détudier un peu les grilles, hein? D'accord? A tout de suite!

Voilà le probléme de Jean-Marc. Travaillant en binômes, l'un de vous jouera le rôle de Jean-Marc, l'autre celui de son jeune collègue britannique, Patrick. Le premier préparera et posera des questions précises auxquelles Patrick s'efforcera de répondre sur-le-champ, ayant pris soin, bien entendu, de prévoir dans la mesure du possible les questions les plus évidentes.

Si l'on souhaite ajouter du piquant à ce jeu de rôles, il n'est pas exclu que Patrick choisisse d'être moins coopératif que d'habitude (sans pour autant le montrer), ou bien que Jean-Marc fasse preuve d'une imagination plus que fertile en envisageant des possibilités pour son patron . . .

(Ce jeu se joue soit en groupe, soit au laboratoire de langues, soit au téléphone en communication réelle ou simulée. Dans tous les cas on pourrait enregistrer la conversation sur cassette pour comparaison, analyse, vérification ou correction ultérieures.)

En complément d'éventuels tarifs récents que vous auriez pu vous procurer par vos propres soins, cet extrait d'une brochure Avis (Extrait 2.3) pourrait vous être utile.

Extrait 2.3

LA ROUTE AZUR

Un forfait de 3 à 6 jours en semaine
Kilométrage illimité.
Un choix de plus de 25 modèles de voitures.
Tarif dégressif, tout compris (à l'exception du carburant, des compléments d'assurances optionnels et du service « Louez ici, laissez ailleurs »).

- Les prix et les taux de TVA peuvent être modifiés sans préavis.
- Forfait applicable dans la plupart des stations villes et aéroports.
- Le véhicule doit être rendu à la station de départ.

Catégories et Modèles			3 jours TTC	4 jours TTC	5 jours TTC	6 jours TTC
A Renault Supercinq	•		1122	1380	1636	1893
B Peugeot 205	•		1445	1708	1971	2235
C Renault 19	•		1888	2229	2601	2911
D Peugeot 405			2403	2876	3350	3824
E Renault 25			2806	3421	4039	4655
F BMW 520 i. (ABS)			3421	4112	4803	5494
G Renault 21 GTX	•	Automatique	2211	2680	3149	3620
H Renault 25 V6 AC		Automatique	3977	4792	5605	6420
J Mercedes 190 AC		Automatique	5228	6460	7697	8932
K Mercedes 300 AC		Automatique	7495	9086	10677	12267
M Peugeot 205 Cab.			3457	4249	5039	5832
N Peugeot 205 GTI			3694	4542	5387	6232
P Renault 21 Nevada	•		2943	3608	4276	4945
R Minibus	•		2899	3405	3915	4503
S Renault Espace			3305	4014	4721	5431

Radio – Lecteur de cassettes – AC : Air conditionné

Nos conditions générales de location s'appliquent à **La Route Azur.**

Prix TTC maxima au 17 avril 1989 . TVA : 28% (Corse TVA : 21%).

LA ROUTE MAUVE

Un forfait semaine, dégressif dès le 8e jour.

Kilométrage illimité.

Un choix de plus de 25 modèles de voitures.

La possibilité de laisser le véhicule dans plus de 360 stations en France*.

Le tarif est tout compris (à l'exception du carburant et les compléments d'assurances optionnels).

Applicable dans les stations villes et dans les aéroports.

Catégories et modèles		7 jours Prix TTC	Jour supplémentaire Prix TTC
A Renault Supercinq	•	2145	268
B Peugeot 205	•	2491	311
C Renault 19	•	3105	388
D Peugeot 405		4298	537
E Renault 25		5756	720
F BMW 520 i. (ABS)		6187	772
G Renault 21 GTX	• Automatique	4014	501
H Renault 25 V6 AC	Automatique	7234	905
J Mercedes 190 AC	Automatique	10165	1130
K Mercedes 300 AC	Automatique	14566	1618
M Peugeot 205 Cab.		6878	791
N Peugeot 205 GTI		7145	891
P Renault 21 Nevada	•	5484	685
R Minibus	•	4803	600
S Renault Espace		6135	767

Radio – Lecteur de cassettes – AC : Air conditionné

Nos conditions générales de location et le service « Louez ici, laissez ailleurs » s'appliquent à **La Route Mauve.**

Prix TTC maxima au 17 avril 1989. TVA : 28% (Corse TVA : 21%). Les prix et les taux de TVA peuvent être modifiés sans préavis. Autres conditions suivant le tarif général en vigueur.

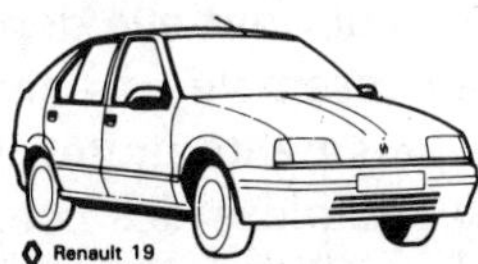

POUR VOUS EUROPCAR A CHOISI **RENAULT** ET D'AUTRES GRANDES MARQUES

Location de voitures

Europcar Assistance

Renseignements

Renseignements/Réservation

Renseignez-vous auprès de votre agence de voyages ou de la station Europcar la plus proche.

RCS Nanterre B 542 065 305

CD Paris (1) 43.55.82.83 - Avril 89

Entreprise et management 3

Tout d'abord, qu'est-ce que l'entreprise?

«L'entreprise est une communauté d'hommes, organisée en vue d'assurer sa pérennité, financièrement indépendante, qui offre un service à d'autres hommes, par 5 une prestation, un produit, ou la conjonction des deux, le plus souvent dans un milieu concurrentiel, et à un prix qui couvre ses coûts et son profit pour lui permettre de prospérer dans un environnement dont elle dépend».

Cette définition convient à l'ensemble très diversifié des 10 entreprises mondiales: de la plus petite unité - l'artisan et son apprenti - jusqu'au plus complexe des conglomérats, regroupant des centaines de milliers de personnes; de l'entreprise privée personnelle, à la sociétaire, l'industrielle, l'agricole, la multinationale, la coopérative, la collectivité 15 publique, l'administration. Elle convient, en fait, quels que soient les statuts de l'entreprise, ses structures et son degré de dépendance à l'égard des pouvoirs publics et quelle que soit l'option du régime politique – capitaliste, libéral, corporatif, autogestionnaire, socialiste sous ses diverses 20 formes.

D'ailleurs, la conception moderne de l'entreprise, qui consiste à offrir un produit et un service répondant aux besoins d'autres hommes, et non pas à vendre sans concurrence sur un marché protégé, entraîne un renouvellement
25 constant des firmes et des hommes.

Les caractéristiques essentielles engendrées par une telle conception de l'entreprise apparaissent ainsi:

Les *échanges* de l'entreprise avec ses clients reposent surtout sur l'adéquation de l'offre du bien proposé à la
30 demande des utilisateurs, le rapport qualité/prix étant le principal paramètre.

L'*autonomie* financière est acquise par le capital économique constitué par la somme des immobilisations que l'entreprise utilise pour ses activités d'exploitation et des
35 capitaux immobilisés par le cycle de fabrication, qui représentent un besoin en fonds de roulement. Le renouvellement et le développement de ce capital économique sont assurés par le profit acquis par la firme.

La *solidarité* unit des hommes aux savoiiirs et compétences
40 complémentaires, d'où la nécessité d'une large circulation de l'information.

Sa *raison d'être* est clairement définie.

Le *savoir-faire* créatif et innovateur permet de trouver le «créneau» pour la production et de la vendre avec profit.
45 La *méthode* transforme une organisation artificielle composée d'éléments disparates en un organisme naturel et vivant.

Et qu'est-ce que le management?

«Manager» c'est traduire en une réalité concrète, en des
50 actes et des entreprises, la culture économique du dirigeant et de son équipe de direction, afin d'organiser la gestion et la direction de l'entreprise. C'est la science des choix efficaces.

Pour ne pas faillir à la règle qui veut que l'on définisse les
55 concepts essentiels que l'on utilise, je me suis permis d'ajouter à une liste impressionnante de définitions du management, dont je donne ici quelques-unes qui me

paraissent significatives, la mienne propre, tirée de mon expérience.

60 A «C'est l'art et la science de diriger une entreprise, cela consiste à manier les idées et les hommes, pour obtenir certains résultats.»
(L'Encyclopédie du Monde Contemporain Larousse)

B «Le Management stratégique est le procédé de lance-
65 ment et d'animation d'un match viable entre l'entreprise et son environnement.»
(American Management Association)

C «L'essence du procédé consiste à saisir les opportunités et menaces de changement de l'environnement, à ident-
70 ifier les forces et les faiblesses inconnues de l'entreprise, et à développer les politiques et programmes pour atteindre les objectifs essentiels.»
(Massachussets Institute of Technology)

D «Diriger, c'est obtenir un résultat par d'autres que soi,
75 et c'est aussi être responsable de ce que d'autres ont fait.»
(Octave Gélinier)

E «Le management consiste à canaliser des ressources humaines et matérielles dans des unités d'organisation
80 dynamiques, ordonnées à l'obtention de certains résultats en visant d'une part à satisfaire ceux pour qui se fait ce travail, et d'autre part à susciter chez les exécutants un bon moral et la satisfaction du devoir accompli.»
85 (American Management Association)

Le management consiste à diriger l'entreprise:

- par l'observation permanente et l'examen minutieux de l'environnement et des besoins des hommes;
- 90 par l'utilisation optimale de ses ressources, humaines, matérielles et financières, pour motiver les hommes de l'entreprise sur un corps de convictions communes;
- par l'approfondissement et l'accroissement de son savoir-faire.

(Adapté de Max Moreau, 1980)

Glossaire
sociétaire (1.13)–joint stock (company)

Références bibliographiques

Sources

M. Moreau, *Le management pratique de l'entreprise* (Paris: Economica, 1980) pp. 3–4, 10–13.
O. Gélinier, *Stratégie sociale de l'entreprise* (Paris: Editions Hommes et Techniques, 1976) p.20
P. Benton, «Leader for the future» dans *Management Today,* mai 1988, p.5.
S. Bommel, «Etats-Unis, l'ascension des femmes» dans *Usine Nouvelle,* 8 septembre 1988, pp. 64–5.
J. Chaize «1993: Sommes-nous prêts?» dans *Informations Entreprise,* No. 47, juillet–août 1988, p. 35.

Pour en savoir plus

M. Chevalier, *Fixation des prix et stratégie marketing* (Paris: Dalloz, 1977).
A. Dayan et autres, *Marketing* Paris: Presses Universitaires de France, 1985).
J. P. Flipo, *Le Management des entreprises de services* (Paris: Editions d'Organisation, 1984).
P. Kotler, B. Dubois, *Marketing management* (Paris, Publi-Union, 1981) 4ème édition.
J-J. Lambin, *Le marketing stratégique* (Paris: McGraw-Hill,k 1986)
J-M. Peretti, *Gestion des ressources humaines,* (Paris: Vuibert, 1987).
M. Thévenet, *Audit de la culture d'entreprise* (Paris: Editions d'Organisation, 1986).

Exercices

1 Répondez

a Dans le deuxième paragraphe on cite un certain nombre de types de société à but lucratif. Lequel vous paraît le plus grand employeur, et lequel le plus petit?

b De toutes les catégories d'entreprises citées dans le second paragraphe, laquelle a, selon vous, le personnel le plus nombreux?

c Revenons à la définition proposée dans le premier paragraphe: convient-elle vraiment, «quelle que soit l'option du régime politique»?

d Pour cet auteur, quelle serait «la conception périmée» de l'entreprise?

e Et quelle est l'obligation imposée par la conception moderne?

f Quel est le facteur principal dans les relations entre client et entreprise?

g Quels sont les éléments qui constituent le capital économique?

h Pourquoi est-il important de faire circuler l'information au sein de l'entreprise?

i Quelle est la contribution particulière de la créativité?

j Qu'est-ce qui sert à rassembler et unifier les divers composants d'une entreprise?

2 En d'autres termes

Essayez de reformuler les mots ou expressions suivants, sans changer le sens de la phrase d'origine:

en vue d'assurer sa pérennité (l.2)
ou la conjonction (l.5)
un milieu concurrentiel (l.6)
répondant aux besoins (ll.22–3)
engendrées par (l.26)
les échanges de l'entreprise avec ses clients (l. 28)
l'adéquation (l.29)
un besoin en fonds de roulement (l.36)
le «créneau» pour la production (ll.43–4)
composée d'éléments disparates (ll.45–6)
en des actes et des entreprises (ll.49–50)
la culture économique du dirigeant (l.50)

3 Définition

a Fournissez une courte définition en français qui précise en quoi chacune des huit formes d'entreprise citées aux lignes 13–15 se distingue des autres.

b Faites de même pour chacune des formes de régime politique figurant aux lignes 18–19

c Distinguez la *gestion* de la *direction* de l'entreprise.

4 Quelques précisions

a *Quel que, quelque, etc.*

(i) Notez la structure «quels que soient ses statuts» (l.15–16) et complétez les phrases suivantes en mettant le mot entre parenthèses à la forme appropriée:

(Quel) que (être) les difficultés, nous arriverons à terminer le travail à temps.
(Quel) que (pouvoir) être les obstacles, nous avons la ferme intention de décrocher ce contrat.
Il veut absolument partir, (quel) que (être) le temps.

(ii) Notez aussi l'emploi de «quelque(s)...que» dans ces deux phrases:

Quelques revendications que vous exprimiez, vous n'aurez jamais satisfaction avec cette société. (Devant un substantif – ici «revendications» – «quelque» doit s'accorder, donc: «Quelques».)
Quelque convaincants que puissent paraître vos arguments, vous n'arriverez pas à le persuader. (Devant un *adjectif* «quelque...que» est invariable.)

b *Quoi que, quoique*

Notez aussi la distinction:

Quoi que vous fassiez, cette commande ne sera pas expédiée dans le delai prévu.
Quoiqu'il fasse très bien son travail, il ne pourra être promu cette année.

5 Style indirect

Prenez le paragraphe «Pour ne pas faillir . . . de mon expérience» (ll.54–9), et récrivez-le au style indirect, d'abord au *présent* (l'auteur précise que, pour . . .), ensuite au passé (l'auteur a précise que . . .).

6 Exposé

Dans le deuxième paragraphe du texte l'auteur déclare, à propos de sa définition de l'entreprise:

«Cette définition convient à l'ensemble très diversifié des entreprises mondiales.» (ll.9–10)

Dans quelle mesure trouvez-vous cette constatation acceptable? Faites un court exposé pour justifier vos conclusions.

7 Résumé

Résumez en quelques phrases le contenu des lignes 26–47.

8 Commentaire

Ayant examiné et pesé les six définitions du management présentées par Max Moreau, formulez vous-même une définition qui pourrait être appliquée à n'importe quelle forme d'entreprise ou organisation. (Vous pouvez, bien entendu, vouz inspirer d'éléments de ces définitions, si cela vous paraît utile, ou même d'autres que vous avez pu rencontrer ailleurs.)

Ayant fourni votre propre définition du management, expliquez en quoi vous la trouvez plus appropriée que celles présentées par Max Moreau.

9 Version

Traduisez en anglais:

A cette entreprise née d'un calcul d'intérêt, nous voyons que la situation concurrentielle impose deux vertus extraordinaires: d'abord le *dépassement*, donc la remise en question permanente pour accroître la valeur produite; ensuite *l'écoute de l'autre*, du client qu'il faut satisfaire, donc l'attitude résolument extravertie qui caractérise le monde marchand. Lorsqu'on sait que toutes les structures humaines, de la tribu primitive à la bureaucratie moderne, sont précisément dominées par des critères introvertis et par le refus du changement, on mesure ce qu'ont d'extraordinaire les vertus que sa condition impose à l'entreprise. Dans une vue mécaniste, à l'époque des petites entreprises, Adam Smith disait qu'une «main invisible» orientait la recherche du profit privé vers une contribution à l'intérêt général. A notre époque de marchés moins purs et d'entreprises plus vastes, nous voyons, dans les deux vertus de finalité externe et de remise en question permanente, la dimension culturelle et même spirituelle du management de l'entreprise. Car guider des groupes d'hommes à travers les changements, vers des buts utiles aux clients, constitue un accomplissement qui exige les plus hautes qualités humaines, et qui génère le produit le plus important: l'évolution de la société. Qu'on le déplore ou qu'on s'en loue, l'évolution du travail, du niveau de vie, de la santé, de l'habitat, etc., a été influencée par les innovations de l'entreprise tout autant que par les lois du Parlement.
(Octave Gélinier, 1976)

10 Thème

a Traduisez en français, comme s'il s'agissait d'un éditorial dans une revue hebdomadaire de gestion:

The entrepreneurial approach is catching on

Once upon a time common decency dictated that the entrepreneur should be strictly confined to industry and the business sector. Then he spread to the nationalised industries and the public utilities, and now his influence can be seen in the public services – in the activities of ministries and departments, the armed forces, the diplomatic service, and even in further and higher education. Today public servants must not only serve, but be seen to serve – and be seen to do so in a cost-effective manner. Better still, they must find new outlets, new ways of selling their services to a wider and still wider public. The pressure is on. Many organisations not previously associated with the profit motive are having to look for ways of showing some additional return on the capital tied up in them. Enterprise is in.

b Traduisez en français cet extrait d'un éditorial de Peter Benton:

In these new turbulent market-places, companies are abandoning the old rigid command structures, with their segmented specialities, for a new, more flexible style. Decision-making is pushed closer to the customer, and managers work in small teams, urged to show initiative in seizing opportunities and countering threats. The enterprise culture is penetrating even the largest organisations, whether in the trading sector or in the public service.

In this new and fast-changing economy it is clear that we need managers who are formed in new ways. The professionals of the old era need now to add something more. Professionals still, they need to add breadth in their skills and experience, and develop the personal qualities that give the winning edge. Professionals, but with the extrovert attitude that judges value by the customer's criteria, and breaks free from procedures that hamper performance. 'Better approximately right than precisely wrong' – a phrase first current in the accounting profession – gives a flavour of the verve and judgement needed in all professions in this turbulent age.
(*Management Today*, 1988)

11 Essai

a «L'entreprise est organisée en vue d'assurer sa pérennité» (l.2). «D'ailleurs, la conception moderne de l'entreprise . . . entraîne un renouvellement constant des firmes et des hommes» (ll.21–5).
Ces deux constatations pourraient sembler, à première vue, contradictoires. Faites pa écrit une analyse pour démontrer que la «contradiction» n'existe pas.

b Commentez cette remarque sur le management! «c'est la science des choix efficaces» (ll.52–3).

12 Discussion

En traitant de la gestion des ressources humaines dans l'entreprise, les auteurs français ont l'habitude de parler des «hommes», apparemment sans arrière-pensée sexiste. Mais les cadres féminins font une ascension spectaculaire dans certaines industries. Après avoir lu l'extrait reproduit ci-dessous, tiré d'un article de Sylvie Bommel intitulé «Etats Unis: l'ascension des femmes», discutez le thème suivant: Face au défi de 1993, qu'est-ce que l'Europe a à apprendre des Etats-Unis dans le domaine de l'égalité des chances?

Ce sont surtout les employeurs américains qui font grise mine en redécouvrant les vices du plein emploi. Le recrutement devient plus difficile et quasi impossible pour certains emplois peu attractifs. Le nombre de postes d'infirmiers vacants faute de candidats est estimé à 10% sur l'ensemble du pays. Impossible, par ailleurs, de recruter un chauffeur, se plaignent les transporteurs routiers. S'agissant du personnel ouvrier ou employé peu qualifié, les entreprises parviennent cependant à faire face en recrutant dans des régions, telle la zone de Detroit, où le chômage a beaucoup frappé au cours des années passées. Ou encore en transformant les très nombreux emplois à temps partiel en contrats à temps plein.

Les vrais problèmes, pour les recruteurs, commencent avec les emplois très qualifiés et en particulier les postes de cadres. ATT, le géant des télécommunications – et l'un des trois premiers employeurs des Etats-Unis – s'inquiéte de la pénurie de talents scientifiques. «Jusque-là notre notoriété nous a permis d'attirer des jeunes diplômés. Mais les difficultés vont grandissant», affirme Harold Burlingame, senior vice-président du personnel.

Le nombre insuffisant de cadres, notamment d'ingénieurs, constitue même «la plus importante limite à la croissance» pour l'American Business Conference, club très fermé des cent entreprises de taille moyenne les plus profitables du pays.

Beaucoup d'entreprises ont décidé de lutter contre la pénurie en élargissant leur recrutement de managers à ceux qu'elles ont longtemps ignorés: les femmes, les noirs et les minorités ethniques. «Un réservoir très important de notre force de travail qualifiée est inexploité. En période de pénurie ce gâchis de talents est inacceptable», explique Leonard Pfeiffer, vice-président du bureau de Washington de Korn Ferry, l'un des grands consultants américains en recherche de cadres.

A en juger par la situation démographique, une telle orientation semble en effet s'imposer. Selon une étude de l'Hudson Institute, 15% seulement des nouveaux arrivés sur le marché du travail d'ici à la fin du siècle seront des hommes blancs. Et si ces derniers sont

encore majoritaires dans les grandes écoles, ils ne devraient pas le rester longtemps. Sur 1000 étudiants entrés cette année au très prestigieux MIT (Massachusetts Institute of Technology), on recense 338 femmes de race blanche, 88 noirs, 76 hispaniques, 178 asiatiques et 11 indiens d'Amérique.
Même s'il est d'abord motivé par la situation de pénurie, l'élargissement du recrutement aux minorités, et tout spécialement aux femmes, fournit aux entreprises, à cause de son aspect éthique, un argument de promotion. La mention «an equal opportunity employer» (l'employeur qui pratique l'égalité des chances) figure au bas de nombreuses petites annonces.
Chez le fabricant de cosmétiques Avon, qui réalise un chiffre d'affaires de 3 milliards de dollars et emploie 38000 salariés, on va plus loin. La promotion des femmes y a pris des allures de petite révolution, tant par sa rapidité que par les moyens mis en œuvre. «Nous avons réalisé depuis peu que notre compagnie, bien qu'elle fabrique des produits achetés par des femmes et vendus par des femmes, était exclusivement dirigée par des hommes», explique Harold Rush, directeur de la gestion internationale et du développement.
Un programme de détection systématique des femmes ayant les qualités potentielles de dirigeants a été instauré. Son nom, «fast track» (le parcours rapide), indique qu'il est accéléré par rapport à celui des cadres masculins présentant les mêmes qualités. Une fois identifiées, ces «super-woman» vont recevoir une formation de haut niveau au management qui leur permettra de sauter quelques barreaux de l'échelle hiérarchique.
Dans le même temps, Avon sensibilise ses cadres masculins afin qu'ils abandonnent leurs barrières psychologiques à l'ascension de leurs collègues féminines. Harold Rush a semble-t-il bien intégré la leçon puisqu'il déclare sans réticence «mon patron est une femme, son patron est une femme et tout va bien». Enfin, le fabricant de cosmétiques a radicalement réorienté ses activités de sponsoring en faveur d'activités féministes, de garderies ou encore de prix qui sont décernés aux femmes remarquables du pays.
Beaucoup d'autres entreprises américaines, telles ATT, Johnson et Johnson, et, depuis longtemps, les deux grands constructeurs informatiques IBM et DEC, ont ainsi mis en place des programmes spécifiques pour les femmes. Vice-président du MIT, Constantin Simonides voit dans ce mouvement une clé du futur pour les Etats-Unis. «Mais, ajoute-t-il, je sais bien que cela fait encore sourire les Européens. Je suis grec!»
(*Usine Nouvelle*, 1988)

13 Version orale

Vous effectuez un stage pratique dans le service export d'une société britannique qui, consciente de l'approche du 1er janvier 1993 et des défis du grand marché européen, vient d'entamer des négociations avec une firme française spécialisée dans le même secteur–la robinetterie industrielle–en vue d'éventuels accords de production sous licence. Votre directeur d'usine vient de recevoir dans son courrier le texte reproduit ici (Extrait 3.1). Il s'agit en l'occurrence d'un discours prononcé lors d'un congrès professionnel par le PDG de cette même firme française. Naturellement intéressé par toute déclaration officielle d'un éventuel collaborateur, votre directeur vous convoque et vous demande de prendre quelques moments pour lire le texte, puis

– de lui expliquer les circonstances de la parution de l'article dans la presse, et
– de lui traduire oralement le discours.

Fournissez l'explication demandée et faites la traduction à vue.

Extrait 3.1

1993: SOMMES-NOUS PRÊTS?

par Jacques Chaize
Président du CJD

L'accélération de la concurrence mondiale et la perspective de l'ouverture, le 1er janvier 1993, du grand marché européen renouvellent la question de la compétitivité des entreprises françaises.
Dans une économie encore hexagonale, les entreprises se contentaient souvent de demander à l'Etat de créer les conditions favorables à leur développement. Dans une économie devenue ouverte, elles ne devront plus compter que sur elles-mêmes pour assurer leur croissance.
Qui ne voit, de ce point de vue, les faiblesses structurelles du tissu industriel? Manque de formation (et vieillissement) des dirigeants, sous-capitalisation des entreprises, manque d'ouverture sur l'extérieur.
Or, quelles que soient les circonstances spécifiques à chaque marché, produit ou service, c'est, bien sûr, grâce à quelques valeurs et comportements-clés que se dégageront les entreprises compétitives: l'aptitude à créer, le respect du client, la mobilisation de toutes les énergies, l'ouverture internationale.
Au-delà des conditions économiques ou réglementaires, le passage à l'échelle européenne nous imposera d'élargir notre univers mental. Dans un marché unique, la France apparaîtra comme une mosaïque de régions européennes en concurrence avec les autres, et devra les intégrer dans son espace économique naturel.
Simultanément à la mondialisation des marchés, leur évolution incessante imposera aux dirigeants une actualisation permanente de leur grille de lecture pour l'action.
Les dirigeants des entreprises françaises y sont-ils prêts?
La formation des dirigeants est directement en cause. Trop de dirigeants de PME ont reçu une formation initiale insuffisante, alors que, dans les grandes entreprises, les dirigeants manquent souvent de l'expérience directe du terrain. Pour tous, l'obsolescence des connaissances techniques, économiques et managériales s'accélère.
Les dirigeants ont besoin d'un carrefour où ils puissent échanger leur expérience, se former le plus tôt possible à leur rôle d'animateur, et, pourrait-on dire, de «valorisateur» de l'entreprise.
C'est le rôle essentiel du Centre des jeunes dirigeants d'entreprise. Implanté dans toute la France (plus de 115 sections), il est proche du terrain. Très ouvert dans son recrutement, il permet à des dirigeants de tous secteurs d'échanger des expériences très variées.
Doté d'une structure nationale et d'un réseau européen, le CJD offre à ses adhérents l'accès aux meilleures sources d'information.
Mais c'est surtout par l'engagement de chacun dans le travail de réflexion que s'opère la transformation des mentalités, qui est l'œuvre du CJD sur chacun de ses membres, sur leurs entreprises et sur l'environnement . . .
Une action qui ne serait pas possible si elle n'était pas portée par le sentiment commun de faire avancer l'entreprise dans le sens de l'homme.

Jacques Chaize (37 ans) vient de succéder à Philippe Willaume comme président duCJD(Centre des jeunes dirigeants d'entreprise) au cours du Congrès de Grenoble (9, 10 et 11 juin 1988). Jacques Chaize est directeur général de SOCLA SA, une entreprise de robinetterie industrielle de Chalon sur Saône (120 millions de francs, 170 personnes, 60 % de son CA à l'export).

(*Informations Entreprise* No. 47, juillet–août 1988.)

4 Etudes de marché

D'abord, il s'agit de choisir la méthode d'échantillonnage

Dans toute étude de marché, quelle que soit sa forme, le problème numéro 1 est la *représentativeté* de l'échantillon. L'échantillonnage est une méthode vieille comme le monde pour juger la qualité d'un ensemble: la dégustation d'un vin, le prélèvement d'une poignée de grains dans un sac de blé sont des pratiques aussi anciennes que le commerce. Dans sa forme la plus simple, ce procédé donne une information complète lorsque l'ensemble que l'on veut juger est homogène. Lorsqu'il n'en est pas ainsi–par exemple, toutes les ménagères savent qu'il ne faut pas se fier entièrement à l'échantillon de fruits présenté par le marchand sur le «dessus du panier» – le procédé donne une information qui n'est pas nulle, mais qui doit être interprétée.

Ceci est également vrai quand il s'agit d'étudier à l'aide de sondages des populations d'êtres humains. Si tous les individus appartenant à la population étudiée étaient identiques, il suffirait d'un échantillon d'une seule unité pour juger des qualités de l'ensemble. Mais ce n'est pas le cas habituellement.

Il faut donc un échantillon qui puisse refléter dans sa structure la diversité réelle existant dans l'ensemble étudié. Pour y parvenir, on utilise:

—soit des méthodes «probabilistes» qui, en théorie, sont les plus satisfaisantes, mais que ne sont pas toujours applicables en pratique;
—soit des méthodes empiriques, dont la plus fréquemment employée est la méthode dite des «quotas».

Dans les *méthodes «probabilistes»*, le principe est que les individus de l'échantillon sont choisis par tirage au sort comme sont désignés les gagnants d'une loterie. Cette méthode suppose en pratique:

—que l'on dispose – par exemple sous forme de fichiers ou de listes, ces documents constituant la «base de sondage» – d'un recensement de tous les individus composant la population étudiée;
—que l'on sache repérer et identifier, par exemple par un numéro d'ordre réel ou fictif, tous les individus appartenant à la base de sondage;
–que l'on tire au sort dans las base de sondage autant d'individus que l'on en veut dans l'échantillon.

L'existence d'une base de sondage convenable (il se pose en particulier des problèmes de mise à jour si le recensement dont elle est issue est un peu ancien) et accessible à l'entreprise ou à l'organisme effectuant le sondage est évidemment une condition *sine qua non.* Pour des enquêtes auprès de foyers ou d'individus, il existe en France différentes bases possibles: fichiers des électeurs, abonnés du Gaz et de l'Electricité, sans parler du recensement de la population. Mais ces documents ne sont pas parfaits (par exemple la liste électorale comporte un déficit de jeunes et de personnes âgées et dans les très grandes villes comporte une proportion non négligeable d'adresses erronées ou non à jour) et sont en fait très difficilement accessibles, pour ne pas dire inaccessibles, aux organismes privés. Dans certains pays, par exemple en Belgique, en Allemagne et en Italie, il existe des fichiers de population constamment à jour du fait de l'obligation qu'ont les individus de déclarer à la mairie leurs changements de résidence; ces fichiers sont en général accessibles aux Instituts d'enquêtes par sondage. Notons encore qu'en France il existe des bases de sondages spécifiques, plus ou moins accessibles pour des enquêtes spécialisées, par exemple le fichier des établissements industriels et commerciaux, le fichier des «cartes grises» d'immatriculation des véhicules automobiles, les listes d'agriculteurs de la Mutualité agricole, etc.

Le sondage aréolaire est un cas particulier et intéressant de la méthode probabiliste. Il consiste à sélectionner les «points de chute» des enquêteurs par tirage au sort de petites «aires» sur une carte. Cette méthode est employée, par exemple, pour des sondages agricoles ou forestiers, à partir de cartes détaillées ou de photos aériennes. On peut aussi l'employer pour des enquêtes sur la distribution: l'enquête est faite dans tous les points de vente répondant à certaines conditions, et figurant dans les zones tirées au sort (par exemple, petites communes prises entièrement et échantillons d'îlots dans les villes.)

Le sondage aréolaire peut être également employé pour désigner un éechantillon de foyers ou d'individus; il suppose alors une investigation préliminaire assez longue et coûteuse au niveau des aires de l'échantillon, à moins que les recensements officiels ne fournissent les renseignements nécessaires (nombre, et si possible structure socio-démographique des personnes et des foyers de chaque aire).

Les *méthodes empiriques* s'efforcent de reproduire le résultat donné par une méthode probabiliste. Par exemple, dans la *méthode des itinéraires*–employée souvent à l'intérieur des villes – on assigne à l'enquêteur, après tirage au sort d'un point de départ sur une carte, un itinéraire précis passant dans les différents types de quartiers et de rues; une règle est également donnée pour désigner, le long de cet itinéraire, les logements dans lesquels l'enquête devra avoir lieu. En France, l'emploi de cette méthode n'est possible, avec suffisamment de fiabilité, que dans des cas précis et relativement limités: ceux où la structure urbanistique est suffisamment claire – comme dans les «grands ensembles» – pour que l'on puisse être sûr que deux enquêteurs partant du même point avec les mêmes consignes aboutiront bien au même échantillon; dans la majorité des villes français, il est extrêmement difficile de trouver des règles d'itinéraires qui soient à la fois fidèles et assez simples.

Dans la *méthode des «quotas»*, on cherche à construire *a priori* une sorte de «modèle réduit» ou de «miniature» de la population étudiée. On observe par exemple que la population française de plus de 15 ans comprend 68% d'urbains et 32% de ruraux, un peu plus de femmes que d'hommes et qu'elle a une répartition socio-professionnelle connue; et l'on décide d'inclure dans l'échantillon les mêmes proportions selon l'habitat, le sexe et la catégorie socio-professionnelle. La répartition de l'échantillon selon les critères géographiques (région, importance des communes ou agglomérations) peut être étudiée au bureau; une fois choisis les lieux d'enquête,les autres répartitions sont données aux enquêteurs, qui doivent respecter des «quotas» tels que les suivants:

Selon le sexe	(%)	*Selon l'âge*	(%)
Hommes	= 48	de 15 à 24ans	= 19
Femmes	= 52	de 25 à 39 ans	= 27
	100	de 40 à 54 ans	= 23
		55 ans et plus	= 31
			100

Cette méthode est d'un emploi souvent plus commode et, en principe, moins onéreux que la méthode probabiliste. Cependant, elle soulève des difficultés tant d'ordre théorique que dans le domaine de l'application pratique.

—L'application de la méthode des quotas suppose l'existence de statistiques récentes et appropriées sur la

130 population étudiée, ce qui conduit parfois à supposer le problème résolu. Il faut encore que les enquêteurs appliquent, pour classer les individus, les mêmes définitions que celles de la statistique de référence.

—Cette méthode conduit à admettre implicitement une 135 certaine forme de déterminisme: les variables inconnues seraient en fait conditionnées par les critères utilisés pour constituer et «contrôler» l'échantillon. Si ce postulat peut souvent être admissible en pratique, il n'a, en fait, aucune raison d'être universellement vérifiée.

140 —Même si la condition précédente est vérifiée – par exemple, lorsqu'une forte corrélation existe entre les variables «contrôlées» et les inconnues étudiées – il se peut que les méthodes de travail des enquêteurs introduisent des «biais» susceptibles de fausser complètement les résultats.

145 Par exemple, à Paris, on peut probablement obtenir assez facilement les quotas habituels de sexe, d'âge et de catégorie socio-professionnelle, en interrogeant des personnes faisant la queue devant les cinémas des «grands boulevards» le samedi après-midi. Mais si l'enquête porte 150 sur les loisirs, l'enquête concluera que tous les Parisiens vont au cinéma le samedi après-midi sur les grands boulevards! Il faut donc, pour éviter les «biais» des enquêteurs, compliquer la méthode par des perfectionnements qui conduisent, en fait, à se rapprocher de la méthode probabi- 155 liste.

(Adapté de J. Antoine, 1981)

Glossaire

sondage aréolaire (1.68) – area sampling
méthode des itinéraires (1.89) – random route method
statistique de référence (l.133) – source data, original data base

Références bibliographiques

Sources

J. Antoine, *Le sondage, outil du marketing* (Paris: Dunod, 1981) pp. 158–61, 171–5.
Y. Négro, *L'étude du marché* (Paris:Vuibert,1987)pp.71–2.

Pour en savoir plus

B. Cathelat, *Les styles de vie des Français 1978–1998* (Paris: Stock, 1977).
A. Danon, S. Demaux, *Le guide pratique des études de marché* (Paris: CLET, 1988).
H. Jacquart, *Qui, quoi, comment? La pratique des sondages* (Paris: Eyrolles, 1988).

Exercices

1 Répondez

a (i) Lors d'un sondage, à quelle condition serait-il théoriquement possible de n'étudier qu'un seul représentant d'une population visée?
(ii) En pratique, cette condition peut-elle être remplie?

b Quelle est la caractéristique essentielle de l'échantillon choisi pour un sondage?

c Distinguez en quelques mots les méthodes *probabilistes* des méthodes *empiriques*.

d Identifiez les trois conditions qui doivent être remplies si l'on envisage de procéder à un sondage en utilisant une méthode probabiliste.

e La base de sondage doit elle-même répondre à deux exigences essentielles. Lesquelles?

f Donnez quelques exemples de bases de sondage typiques utilisées en France et dans d'autres pays.

g Dans certains pays qu'est-ce qui facilite beaucoup l'établissement d'une base de sondage?

h Toutefois, de quelles imperfections dans les listes déjà existantes l'enquêteur doit-il se méfier?

i Expliquez en quelques phrases l'essentiel du sondage aréolaire.

j Quel est le rôle du tirage au sort dans les sondages aréolaires?

k Quel est l'inconvénient majeur de ce type de sondage?

l Le premier exemple donné dans ce texte d'une méthode empirique est celle dite 'des itinéraires':

(i) En quoi consiste-t-elle?
(ii) Pourquoi est-il plus difficile d'appliquer cette méthode en France que dans certains autres pays?

m Expliquer brièvement le principe de la méthode des quotas.

n Quels avantages est-ce que cette méthode présente par rapport aux méthodes probabilistes?

o Pour ce qui est des statistiques et des définitions utilisées dans la méthode des quotas, quels sont les dangers dont les enquêteurs doivent se méfier?

p Un autre écueil dans l'application de cette méthode se situe au niveau des variables inconnues. Expliquez-le.

q Expliquer aussi l'effet d'éventuels «biais» dans les méthodes de travail des enquêteurs.

2 Exploration du vocabulaire

a *En d'autres termes*

Essayez de reformuler les mots ou expressions suivants, sans changer le sens de la phrase d'origine:

vieille comme le monde (l. 3)
que l'on veut juger (ll.8–9)
Lorsqu'il n'en est pas ainsi (l. 9)
il suffirait d'un échantillon d'une seule unité (l. 18)
Mais ce n'est pas le cas habituellement (ll.19–20)
Pour y parvenir, on utilise (l. 23)
la plus fréquemment employée est (ll. 27–8)
comme sont désignés les gagnants d'une loterie (ll. 31)
autant d'individus que l'on en veut (ll. 40–1)
le recensement dont elle est issue est un peu ancien (ll.43–4)
évidemment une condition *sine qua non* (l. 46)
sont en fait très difficilement accessibles, pour ne pas dire inaccessibles (ll. 54–5)
sélectionner les 'points de chute' des enquêteurs (ll. 69–70)
les mêmes consignes (ll. 100–1)
et, en principe, moins onéreux (l. 125)

b Définition

Fournissez une définition en français des mots ou expressions suivants:

le fichier (l. 33), la 'base de sondage' (ll. 34–5), le recensement (l. 35), les «cartes grises» (ll. 65–6), la Mutualité agricole (l. 67), le sondage aréolaire (l. 68), les points de vente (l. 75), tirées au sort (ll. 76–7), l'îlot (l. 78), la structure socio-démographique (ll. 84–5), fiabilité (l. 96), les «grands ensembles» (ll. 98–9), la catégorie socio-professionnelle (ll. 112–13), la statistique de référence (l. 133), le déterminisme (l. 135), les «grands boulevards» (ll. 148–9).

3 Résumé

Résumez en quelques phrases:

a le contenu des lignes 1–22 (Dans toute étude de marché. . . dans l'ensemble étudié).

b le contenu des lignes 42–67 (L'existence d'une base de sondage . . . de la Mutualité agricole).

4 Exposé

Présentez, à partir de quelques notes seulement, un bref exposé sur l'emploi du sondage aréolaire.

Outre d'autres éléments que vous aurez relevés dans vos lectures par ailleurs, il conviendrait d'incorporer dans vos propos les points suivants: les principes de la méthode, la typologie des aires à étudier, les formes d'enquête auxquelles ce type de sondage est particulièrement bien adapté, son coût, les démarches préparatoires.

5 Version

Traduisez en anglais:

Le Budget d'un sondage

Le budget d'un sondage se divise en trois sections: d'abord le budget du chargé d'études, ensuite le budget des travaux sur le terrain, et puis celui du dépouillement.

Le budget du chargé d'études recouvre la conception de l'enquête, l'établissement du plan de sondage, la sélection des enquêteurs, la préparation des documents techniques, la rédaction des questionnaires, la supervision et la coordination des équipes sur le terrain et du dépouillement des résultats, et la rédaction du rapport.

Le budget du dépouillement – le plus difficile à estimer à l'avance – recouvre la relecture et le chiffrement des questionnaires, la saisie des informations et le traitement informatique.

Quant au coût des travaux sur le terrain, le paramètre-clé pour l'estimation du budget du terrain est le nombre d'enquêtes qu'un enquêteur pourra réaliser en une journée de travail (laquelle comprend en général 6 heures de terrain proprement dit, auxquelles s'ajoutent les temps à domicile, de préparation avant interview et de relecture après interview, ainsi que les temps de déplacement entre le domicile et le lieu des interviews). Ce nombre est lui-même fonction de deux temps élémentaires: le temps de recherche sur le terrain, et le temps d'interview; il faut, en outre, parfois prendre en compte certaines contraintes spécifiques dues à la population à interroger ou aux techniques d'enquête.

Connaissant par ailleurs le prix de vente de la journée d'enquêteur, on en déduit le prix de vente par interview. Généralement, ce prix de vente inclut:

- les salaires et charges sociales de l'enquêteur;
- les frais de mission (déplacements, repas, nuits d'hôtels) de l'enquêteur;
- l'encadrement du réseau;
- les frais d'établissement du plan de sondage lorsqu'il s'agit d'un échantillon usuel par quotas;
- le contrôle de qualité du travail de l'enquêteur;
- les frais de gestion administrative du réseau;
- une quote-part des frais généraux de l'institut de sondages.

L'institut peut être amené à compter à part, et à facturer en plus:

- les frais éventuels de plan de sondage, notamment lorsque des tirages d'adresses sont nécessaires dans les mairies ou les préfectures, par exemple, ou lorsque des recherches statistiques sont nécessaires pour constituer un échantillon d'une population spécifique;
- les frais d'organisation de réunions de briefing et d'entraînement spécifique à l'enquête.

(Adapté de J. Antoine, 1981)

6 Thème

Traduisez en français cet extrait d'un document publicitaire préparé par un institut de sondages britannique:

In this country there is a growing tendency for people to expect industry, commerce, public utilities, local authorities and central government to take account of the real needs of consumers. If those who influence our daily lives are to make the right decisions – decisions, for example, about the clothing, food products, television programmes, leisure facilities, motorways, education services or package tours they are going to offer us – they must have a constant flow of accurate, appropriate and unbiased information.

Without this information – usually supplied by market research – the provider of a service or product would rapidly lose touch with the consumer's needs and preferences. Failure to adapt to changing needs could lead to stagnation, with the result that the supplier has either to put up prices or go out of business. This in turn could lead to a monopoly situation in some markets, with the sole supplier being free to raise prices while neglecting to improve the product.

7 Essai

a Une condition *sine qua non* de n'importe quel sondage est que l'échantillon soit réellement représentatif de l'ensemble. Selon vous, quels sont les autres éléments-clés dans la conception et l'exécution d'un sondage efficace?

b «Vu le tempérament et la mentalité du Français moyen, mener une enquête sur le terrain devrait être beaucoup plus facile en Allemagne ou en Angleterre qu'en France.» Commentez cette réflexion.

c Analysez et commentez le raisonnement contenu dans l'extrait choisi pour l'exercice de thème ci-dessus.

8 Discussion

Dans un premier temps, échangez vos expériences personnelles de l'étude de marché: combien de fois avez-vous rempli un questionnaire écrit, ou répondu à un sondage effectué par un enquêteur ou enquêtrice dans la rue ou à votre domicile? Quelles ont été vos réactions?

Dans un deuxième temps dressez la liste:

- premièrement, des qualités de l'enquêteur idéal, et
- deuxièmement, des caractéristiques d'un questionnaire auquel vous seriez le plus disposé à répondre.

9 A vous de jouer

Regardez d'abord Tableur 4.1. Puis, par groupes, répartissez-vous les diverses spécialisations qui figurent dans la colonne de gauche. Ensuite, après avoir fait les recherches nécessaires sur les prestations possibles correspondant à votre rôle, préparez-vous à les expliquer sommairement aux autres membres de votre groupe, et à répondre à leurs questions sur vos fonctions.

Tableau 4.1
Principaux types de prestataires de conseils et de services pouvant intervenir dans les enquêtes

Spécialistes	*Prestations possibles*
Statisticiens spécialisés dans les sondages	– Choix d'une technique d'enquête – Plan de sondage – Questionnaire à dominante quantitative
Psycho-sociologues spécialisés en marketing, ou en opinion publique, ou en économie publique	– Problématique générale – Enquête qualitative préliminaire – Questionnaire à dominante qualitative – Test de questionnaires
Pools d'enquêteurs/enquêtrices	– Enquête sur le terrain
Services de dépouillements classiques et de saisie de données	– Chiffrement de questionnaires (pas toujours) – Perforations de cartes – Passage des cartes aux bandes magnétiques – Dépouillements simples (tris. . .)
Centres de traitement à façon sur ordinateur	– Dépouillements classiques – Traitements spéciaux sur machines
Spécialistes des programmes d'analyse de données Spécialistes «informatique et marketing»	– Adaptation d'un projet d'enquête aux traitements d'analyse de données – Choix de programmes d'analyse de données et autres traitements spécialisés – Pilotage des dépouillements et analyses sur ordinateur – Conseils sur établissement et gestion de bases de données

(J. Antoine, *Le sondage, outil du marketing*, Dunod, 1981)

10 Travail de groupe

La grille (Extrait 4.1) indique cinq façons d'administrer un questionnaire, à savoir:

– interview sur le lieu de travail
– interview dans la rue
– enquête par correspondance
– enquête par téléphone
– enquête par Minitel ou équivalent

Dans le groupe, chaque individu (ou, éventuellement, binôme) tirera au sort un de ces cinq modes et, après avoir étudié la grille et effectué les recherches nécessaires, esquissera oralement le projet d'un sondage pour lequel le format questionnaire est clairement indiqué. Il conviendra de fournir un minimum de précisions sur le produit ou service (réel ou fictif) en question, la population ciblée, le but stratégique de l'enquête, et cetera.

Lorsque tous les projets auront été exposés, le groupe entier les passera en revue, commentera le bien-fondé de chacun et enfin dressera la liste des plus prometteurs.

Extrait 4.1

Les modes d'administration du questionnaire – avantages et inconvénients

		Exemples d'enquêtes réalisées	Avantages du mode d'enquête	Ses inconvénients principaux
Enquêtes par interviews directes	A domicile – Sur le lieu de travail	— Enquête sur la consommation des ménages — Enquêtes en milieu industriel	— Les questionnaires peuvent être longs — L'enquêteur peut apporter toute précision utile durant l'interview — L'enquêteur peut noter les commentaires de l'individu — L'échantillon choisi subit peu de transformations	— La présence de l'enquêteur peut être source de biais (questions ouvertes . . .) — Il faut des enquêteurs compétents et honnêtes — Il faut des contre-enquêtes (jusqu'à 30% dans certains cas) — Les enquêteurs ne sont pas toujours bien accueillis — Ce type d'enquête est coûteux

Enquêtes par interviews directes (*cont.*)	Dans la rue	— Les produits et les marques achetés dans un magasin, etc.	— On peut toucher beaucoup de personnes (ex: parking d'hyper-marchés) — Le coût est faible — On peut recueillir des impressions «à chaud» (point de vente, transports en commun)	— Les individus ne sont pas toujours faciles à aborder dans la rue — Les questions doivent être peu nombreuses, courtes, précises — L'enquêteur peut se débarrasser des questions — Problème de représentativité de l'échantillon (tout le monde ne se promène pas dans la rue) — Risque de fraude de la part des enquêteurs
Enquêtes par correspondance		— Tous types d'enquêtes, si le questionnaire n'est pas trop compliqué à remplir	— Moins coûteux que l'interview à domicile — La dispersion géographique des personnes à interroger n'affecte pas trop le coût — L'échantillon est donc représentatif — Sentiment de liberté pour l'enquêté — Il remplit le questionnaire à son rythme — Il peut réfléchir avant de répondre — Le questionnaire peut être long	— Il faut un fichier d'adresses — Le questionnaire doit être parfaitement compréhensible — Les non-réponses ne peuvent être reprises — Si le questionnaire est long il faut qu'il intéresse l'enquêté

Enquêtes par téléphone	— La notoriété d'un produit, d'une marque, d'une en-seigne, etc.	— On obtient les réponses rapide-ment — Ce procédé est plus économique que l'enquête à domicile — Utile lorsque l'échantillon est géographique-ment dispersé — On peut toucher la personne que l'on cherche précisément (le directeur du marketing . . .) — Le taux de réponses est élevé — L'anonymat est préservé — On touche des personnes diffici-lement joignables autrement (médecins . . .)	— Il faut que tout le monde ait le téléphone — Ce mode d'en-quête pâtit du développement de la vente par téléphone — L'enquêté peut à tout moment rac-crocher le téléphone — L'enquête doit être courte (10 mn)
Enquêtes par Minitel	— Enquête auprès de diverses pro-fessions, etc.	— Il n'y a pas d'envoi de docu-ments — Procédé attrayant du fait de sa nou-veauté	— Tout le monde ne dispose pas encore du Minitel

Le choix entre ces modes de recueils des données doit être fait sur la base de caractéristiques précises: objectif de l'étude, taille de l'échantillon souhaité, délai d'enquête prévu, etc. Il faut toutefois souligner que les modes d'enquêtes présentés peuvent être utilisés conjointement. Le gestionnaire peut par exemple: commencer par un contact téléphonique, puis envoyer un questionnaire par la poste, pour dans un troisième temps réutiliser l'approche téléphonique pour les non-répondants.

(Y. Négro, *L'etude du marché* Vuibert, 1987)

5
Le produit

«Un produit est une proposition matérielle ou immatérielle offerte à un prix déterminé pour un usage précis et chargée de valeurs sociales et individuelles.»

Selon cette définition, si une feuille d'arbre n'est pas proposée pour un usage précis, elle n'est pas un produit; elle le devient si on la propose comme infusion.

Les entreprises répondent à la demande de leur marché par un produit qui correspond à cette demande pour le plus grand nombre de ses caractéristiques et qui présente un avantage spécifique que ne proposent pas les produits concurrents. Selon notre définition, cet avantage se situera soit au niveau des composants de la proposition, du prix, de l'usage, ou des valeurs attachées à cette proposition, soit par une combinaison de ces quatre niveaux.

Définir le produit comme une proposition signifie que le produit est à la fois une proposition de caractéristiques «à consommer» et la communication concernant ces caractéristiques. La communication est ainsi une des caractéristiques du produit, au même titre que les caractéristiques à consommer.

De la même manière, dès qu'il'y'a proposition, il y a produit, avec une stratégie de séduction et de vente. Proposer, c'est vendre. L'idée proposée devient ainsi un produit. Elle doit être vendue. L'idée politique n'échappe
25 pas à cette définition et le fait qu'elle puisse être un produit ne choque plus aujourd'hui. L'idée politique non proposée sert essentiellement à conforter l'individu qui l'émet. Elle le situe. Il n'attend de son énoncé ni avantage, ni image. Elle est un des termes de l'échange avec un autre. Dès que l'idée
30 politique est proposée en vue de son adoption par un grand nombre d'individus, elle devient un véritable produit répondant point par point à notre définition. Un produit matériel et un service, aussi bien qu'une idée politique, sont des propositions. Les propositions ne sont
35 émises que pour être adoptées, c'est-à-dire achetées.

La notion de produit est maintenant introduite dans les plans de marketing des entreprises de services. Le discours économique admet les produits bancaires, les produits de transports, les produits informatiques, les produits de
40 l'assurance. Ils correspondent aux propositions immatérielles de notre définition du produit. En revanche, un service peut exister sans être proposé. Il n'est pas alors un produit, il peut entrer comme composant dans un autre service ou accompagner une proposition matérielle. S'il est
45 proposé, il devra alors avoir tous les attributs d'un produit selon notre définition. Le relevé quotidien des mouvements bancaires n'est pas un produit s'il est inclus dans le service général du compte de dépôts. Si un établissement bancaire décide d'assurer gratuitement un relevé mensuel
50 et de faire payer le relevé quotidien, celui-ci devient un produit. C'est une proposition offerte à un prix publié, pour un usage précis et chargé de valeurs.

Un produit est, ainsi, défini essentiellement par son usage. La diversité des exigences des consommateurs a
55 amené les entreprises à créer à partir d'un produit de base, des variantes qui ont constitué une gamme. Une gamme est complète lorsqu'elle répond aux besoins de toutes les catégories de consommateurs. Les entreprises répartissent parfois les produits d'une même gamme sous des marques
60 différentes pour des raisons de commodité de gestion de

leurs images. Elles n'en possèdent pas moins une gamme complète de produits.

Un nouveau genre de produit est apparu ces dernières années: le produit composite. Il s'agit d'un produit formé
65 d'un ensemble homogène d'éléments–produits concourant à une même finalité. Chacun des éléments–produits peut être vendu séparément mais ici, dans le produit composite, ils sont les maillons d'une chaîne d'opérations intégrées. Les usines clé en main, les complexes miniers, les hôtels,
70 les stations de sports d'hiver, les ensembles informatiques sont de bons exemples de produits composites. Leur analyse est en tout point comparable à celle des autres genres de produits. Il conviendra cependant de consacrer une large part de l'analyse à chacun des éléments qui les
75 composent.

On notera parmi les caractéristiques des produits celles qui confèrent à certains produits un statut particulier: comme le fait d'être le produit auquel une entreprise est identifiée aussi bien pour les consommateurs et pour la
80 distribution que pour son personnel, et qui fait de ce produit un produit leader (l'huile Lesieur pour Lesieur, la Moulinette pour Moulinex, les ascenseurs pour Otis).

Un produit peut aussi être celui qui fonde les ventes des autres produits d'une entreprise. Il s'agit alors d'un produit
85 locomotive (le chewing-gum qui entraîne les ventes des autres confiseries de Hollywood, la haute-couture qui fait vendre le prêt-à-porter, les ordinateurs de caisses de supermarchés qui entraînent les ventes des gros ordinateurs de NCR).

90 Un produit peut enfin être utilisé par les distributeurs pour attirer la clientèle par des prix discountés, c'est un produit d'appel qui doit posséder par ailleurs une forte notoriété de marque (les produits Moulinex servent souvent de produits d'appel).

95 Ces caractéristiques doivent figurer dans la nomenclature des produits du marché car elles apportent à l'analyste de précieux éléments de jugement sur la politique de produits des entreprises en présence; cette nomenclature est une référence.

100 (Extrait de Claude Matricon, 1985)

Glossaire
produit leader (l. 81) – core product
produit locomotive (ll. 84–5) – star product, cash cow
produit d'appel (l. 92) – price leader

Références bibliographiques

Sources

C. Matricon, *Le marketing du réel* (Paris: Editions l'Usine, 1985) pp. 78–81.

«Des maîtres d'œuvre de qualité» dans *PME=PMI Magazine*, No. 17, 1988, p. 186.

Pour en savoir plus

J-M. Bouroche, *Analyse des donnés en marketing* (Paris: Masson, 1977).

Y. Chirouze, *Le marketing, de l'étude de marché au lancement d'un produit nouveau* (Paris: Chotard et associés, éditeurs, 1985).

J. M. Choffray, F. Dorey, *Développement et gestion des produits nouveaux* (Paris: McGraw-Hill, 1983).

C. Dussart, *Comportement du consommateur et stratégie de marketing* (Montréal: McGraw-Hill, 1983).

G. Mermet, *Francoscopie. Les Français: qui sont-ils? où sont-ils?* (Paris: Larousse, 1985).

Exercices

1 Répondez

a Commentez l'exemple de la feuille d'arbre (l. 4).

b Dans quelle mesure l'entreprise entend-elle satisfaire toutes les demandes d'un marché donné?

c Sous quelles formes cet «avantage spécifique» (l. 10) pourrait-il se présenter?

d Selon l'auteur, quel est le rapport entre produit et communication?

e «L'idée politique non proposée sert essentiellement à conforter l'individu qui l'émet. Elle le situe. Il n'attend de son énoncé ni avantage, ni image.» (ll. 26–8). N'y a-t-il pas là une cantradiction?

f Quels exemples de proposition immatérielle sont cités dans le texte?

g Selon l'auteur, un service peut exister sans être proposé (l. 42). Etes-vous d'accord?

h Expliquez l'exemple du relevé bancaire.

i Donnez d'autres exemples de produits bancaires.

j Une gamme complète de produits peut se vendre sous une seule marque ou bien sous plusieurs marques différentes. Donnez quelques exemples de chaque catégorie.

k Fournissez votre propre définition du produit composite.

l Quels sont les éléments–produits d'un hôtel, d'un complexe minier, d'une station de sports d'hiver?

m Donnez quelques autres exemples de produits composites qui correspondent à votre définition.

n De la même façon, fournissez votre définition de «produit leader» (l. 81), «produit locomotive» (ll. 84–5) et «produit d'appel» (1.92), et puis donnez quelques exemples de chacun.

2 Exploration du vocabulaire

Expliquez ou définissez les mots ou expressions suivants:

une proposition . . . chargée de valeurs sociales et individuelles (ll. 1–3)
une infusion (l. 6)
usines clé en main (l. 69)
qui fonde les ventes (l. 83)
confiseries (l. 86)
le prêt-à-porter (l. 87)
une forte notoriéte de marque (ll. 92–3)
la nomenclature (ll. 95–6)

3 Discussion

Dans un autre passage, Claude Matricon affirme que les fonctions essentielles des emballages sont au nombre de cinq: être manipulable, protégeant, vendeur, informatif, communicant.

Dans votre groupe ou mini-groupe, choisissez chacun une des ces cinq fonctions et animez une discussion dans le but d'identifier les caractéristiques de cette fonction.

4 Version

Traduisez en anglais:

> Tout, ou presque tout, est devenu produit. Les objets qui l'étaient déjà, mais aussi les services,les idées et les hommes. La commercialisation s'applique maintenant à toutes les activités humaines, même à celles qui sont en apparence les plus désintéressées. On conseille aux candidats de savoir se vendre, les propositions gouvernementales entrent dans le champ du marketing et l'Eglise fait de la publicité. L'information n'est plus suffisante pour entraîner aussitôt l'adhésion. La densité du flux de messages émis par les média de masse est telle que la conviction est aujourd'hui le premier résultat d'une technique de vente et non plus une affaire de cœur. Obtenir un changement d'attitude ne peut se faire que si l'on fait percevoir le signe qui va concrétiser le changement d'attitude attendu, c'est-à-dire un produit. La sécurité routière est devenue une ceinture et la fluidité des paiements une carte bleue. L'idée ne fait plus une vitrine attirante, l'objet symbole attire seul le chaland.
>
> Dans l'univers des signes, le produit est devenu à son tour une communication, il est à la fois objet de communication et support, à la fois discours et médium. Choisir un emballage, une couleur de papier, un caractère typographique pour le graphisme du nom, c'est avant tout communiquer le positionnement de la marque, la qualité du produit, la politique de l'entreprise. Dans ces immenses supports que sont devenus les lieux de ventes, chaque marque hurle sur son linéaire et c'est dans cette cacophonie énorme que les entreprises essaient de se faire remarquer. Le produit est le plus sûr amplificateur de leurs messages, car il accompagne l'acquéreur de l'acte d'achat jusqu'au moment de sa destruction. Son nom et sa forme, ses couleurs et son graphisme, communiquent le message de l'entreprise sur la table, dans les placards, à l'atelier et sur les chantiers. (C. Matricon, 1985)

5 Résumé

Résumez en français le contenu des lignes 1–35.

6 Thème

Traduisez en français cet extrait d'une lettre adressée au rédacteur en chef d'une revue britannique de marketing:

> When doing some consultancy work for a major airline some months ago I realised that before we could draw up a list of the company's products we had to have a clear idea of what we meant by the word

'product' (using it, of course, in its broad, marketing, sense). I proposed the following definition: a product is any element in the air transport process which is capable of being individually costed and identified by the people who use it. This definition enabled us to look at the whole range of the airline's services as potentially marketable products.

Describing the products of any market sector thus becomes a matter of listing their characteristics (composition, form, weight, content, price, etc), identifying the product ranges which together make up the sector, defining the uses to which they are put, and determining the value attached to each one of them. Less obvious, but equally vital, is the need to assess the communicative value of the product and isolate the principal components of the image it projects.

7 Exposé

«Les conditionnements ont un rôle considérable: ils sont le seul support permanent de la marque sur les linéaires au moment de l'achat et ils peuvent avoir une durée de vie non négligeable au domicile de l'acheteur. Ils attirent et ils rappellent. Taille apparente, graphisme, couleur, illustration du produit, identification de la marque, sont autant de paramètres confrontés durement et directement à la concurrence. Sans cesse surveillés et étudiés, améliorés avec prudence, jamais bouleversés, ces paramètres comptent autant pour l'entreprise que sa publicité ou sa promotion des ventes.» (C. Matricon, 1985)

Préparez-vous à faire un court exposé sur ce jugement, de préférence en prenant pour exemple un ou plusieurs emballages qui vous paraissent particulièrement intéressants.

8 Essai

a «L'idée politique est un produit comme les autres.» Commentez ce jugement.

b Un produit peut-il vraiment «communiquer»?

9 Etude de cas

Après avoir étudié l'Extrait 5.1, examinez et discutez en groupe ou mini-groupe les trois cas cités, de façon à déterminer la fonction précise de chaque entreprise ainsi que la nature et le positionnement de son produit. Efforcez-vous dans chaque cas d'identifier la clientèle ciblée, la particularité de chacune des trois sociétés et leurs caractéristiques communes.

Ensuite, commentez le langage employé dans l'article. Par exemple, est-il simple, moderne, «branché» ou «in»? Convient-il au sujet traité?

Extrait 5.1

DES MAITRES D'ŒUVRE DE QUALITE

Il faut toute la détermination de la jeunesse pour créer des entreprises qui répondent à des besoins croissants, dans des domaines aussi créateurs que ceux du design, de l'architecture ou de la publicité.

Paris, rue de Vaugirard, trois professionnels ont installé leurs projets et leurs rêves dans un local commun où dynamisme et foi sont de rigueur. Chacun a apporté sa compétence et son expérience dans un souci d'efficacité hors du commun. Trois sociétés ont ainsi vu le jour.

Parabole s'attache à l'étude de marque pour les accessoires haut-de-gamme tels que les cosmétiques, la couture, les arts de la table, les parfums... La société travaille sur des réalisations dans les grands magasins ou sur des montages publicitaires de courte durée.

Inside se consacre à l'architecture intérieure en assurant la conception de la décoration, la rénovation ou les modifications de tout espace. Véritable maître d'œuvre, c'est le chef d'orchestre de tous les corps de métier.

PAT PLV s'occupe de créer du matériel publicitaire en volume. Elle étudie et conçoit, sur un sujet donné, des objets publicitaires dans tous les matériaux. L'entreprise cliente se voit proposer un service-pub extérieur qui facilite ses démarches et amoindrit ses frais.

La notion de service prend toute sa valeur dans ces trois sociétés pour lesquelles le sérieux, la rapidité et la disponibilité sont des atouts majeurs.

Elles s'attachent essentiellement au contact avec le client et tiennent compte de ses possibilités. De véritables professionnels pour qui la qualité est dénominateur commun.

(*PME-PMI Magazine*, 1988)

6
Les industries du futur

Les grands secteurs traditionnels qui ont soutenu la croissance depuis trente ans semblent avoir atteint certaines limites. Frappés par l'obsolescence technique, la saturation des marchés, le coût de l'énergie, les rendements décroissants, les nuisances ou la combinaison de ces différents facteurs, ils entrent tour à tour dans le cycle des crises et des reconversions. D'une façon générale, la France se désindustrialise. Entre 1975 et 1990 l'industrie française aura perdu plus d'un million d'emplois dans ces secteurs. En revanche, on constate la montée des niveaux de qualifications, des investissements de recherche et des innovations technologiques.

Le cas de l'automobile est exemplaire. C'est, pour beaucoup, le produit symbolique de la société industrielle, non seulement par son poids économique et sa capacité d'entraînement, mais surtout par ce qu'il signifie en terme de mentalité. J. Attali en fait le signe même du capitalisme contemporain.

L'automobile, dont la production va vraisemblablement se maintenir dans les pays industriels et croître ailleurs, est caractéristique des nouvelles tendances mondiales. Conçue autour d'un modèle pratiquement unique, «le world car», mais permettant de nombreuses options, sa standardisation entraîne une fabrication par robots (machines–outils à commande numérique, ateliers flexibles . . .) – comme c'est le cas au Japon – et le recours à des banques d'organes inter-firmes. La voiture mondiale devra répondre à des normes très restrictives en matière de consommation d'énergie et de pollution. Equipée d'ordinateurs de bord, elle sera un centre de réception et d'émission d'informations, l'informatique constituant l'un des multiples services d'assistance sur lesquels s'appuiera sa commercialisation, la concurrence ne portant plus sur le produit lui-même, mais sur son mode d'utilisation. Celui-ci suivra de près les tendances culturelles. Après le succès des vans aux Etats-Unis, on note en Europe le passage de l'agressivité et de la puissance affichée à des impulsions de type utilitaire ou conviviales. Enfin, le marché de l'automobile va se trouver dominé par quatre ou cinq constructeurs mondiaux jouant à fond de la division internationale du travail pour leurs implantations et leurs marchés cibles. Ajoutons que l'automobile restera un produit sensible aux réactions populaires et que l'opinion pourrait témoigner à son propos de sursauts de protectionnisme qu'elle n'a pas manifestés ailleurs.

De l'exemple de l'automobile, on peut tirer un enseignement valable pour l'ensemble de la recherche–développement qui va fournir la principale source de gains de productivité dans les années qui viennent. Ici, les perspectives sont prodigieuses et les rédacteurs d'un des rapports préparatoires au VIIIe Plan n'hésitent pas à écrire: «des avancées technologiques très importantes, voire révolutionnaires, vont profondément remettre en cause, à un degré jamais atteint dans l'histoire du monde, la quasi-totalité de l'activité humaine».

Il est de grande utilité pour les managers de connaître le contenu et le sens de ces évolutions qui vont lourdement peser sur leurs futures activités au moment où chacun constate le remodelage du paysage économique avec l'arrivée d'une nouvelle génération de branches motrices.

D'après les experts, trois tendances de fond marqueront, en France, les années qui viennent:

Le déclin relatif des grandes opérations de prestige menées à des fins industrielles, scientifiques ou militaires qui ont jusqu'ici servi de locomotive au progrès technique. Opérations mobilisatrices d'investissements lourds en provenance de l'Etat telles qu'on les a connues dans l'atome, l'aérospatiale ou l'informatique. La préférence irait à une diffusion élargie des retombées de la technologie et de la recherche auprès d'acteurs très divers, petits et grands, dont il s'agit d'entretenir les ambitions, d'aider les réalisations, de promouvoir les convergences.

Cette diffusion des technologies sera organisée à travers les croisements des spécialités, des approches pluridisciplinaires et des expérimentations inter-secteurs. Ce qui laisse supposer des rapports étroits entre la recherche et l'action, entre les milieux encore séparés de l'université et de l'industrie, entre les bureaux d'études et les opérationnels. Il y a ici des contacts à favoriser, des structures d'échange et de coopération à monter pour que s'opèrent les fertilisations nécessaires. Il est clair que, dans ces organisations, la place des scientifiques de toute discipline sera beaucoup plus grande que par le passé. Ils feront partie intégrante des équipes qui jalonneront les chaînes de savoirs, des travaux de base aux applications industrielles.

De façon générale, l'effort d'innovation se déplacera du produit sur le service. On en a déjà l'exemple avec les auxiliaires de la télévision qui, branchés sur le réseau téléphonique, donnent accès à des banques de données (video-tex) ou encore à un réseau informatique pour l'enregistrement de programmes ou l'exécution de jeux.

De récents rapports décrivent les principales industries du futur. On se contentera de les évoquer de façon sommaire tout en rappelant que ce sont elles qui fourniront des emplois aux cadres et aux managers dans les 20 ans qui viennent:

— les nouveaux matériaux
100 — les énergies nouvelles et les économies d'énergie
— les technologies d'information
— les sciences de la vie et la bio-technologie
— l'agriculture et l'agro-industrie
— la valorisation des océans
105 — l'espace.

(Adapté de René Dessal, 1982)

Glossaire
vans (mot angl.) (l. 35) – vans, utility vehicles, pick-ups

Références bibliographiques

Sources

R. Dessal, *Les managers face aux futurs* (Paris: Economica, 1982) pp. 66–72.
E. F. Schumacher, *Small is beautiful* (London: Abacus, 1973) p. 126.
A. J. C. Kerr, *The common market and how it works* (Oxford: Pergamon, 3rd edn, 1987) p. 93.
«Lettre de Grande-Bretagne» dans *Usine Nouvelle*, No. 36, 8 septembre 1988, p. 218.

Exercices

Répondez

a Quels sont «les grands secteurs traditionnels de l'industrie?» (l. 1)

b Expliquez ce que René Dessal entend par:

–le cycle des crises et des reconversions (ll. 6–7)
–La France se désindustrialise (ll. 7–8)
–Le cas de l'automobile est exemplaire (l. 13)
–sa capacité d'entraînement (ll. 15–16)
–surtout par ce qu'il signifie en terme de mentalité (ll. 16–17)

c Quel pronostic l'auteur fait-il sur la production automobile?

d Qu'est-ce qu'il entend par «machines–outils à commande numérique» et «ateliers flexibles» (ll. 24–25)?

e Pourquoi la robotisation s'impose-t-elle pour la production du «world car»?

f Sur le plan technique, en quoi la nouvelle voiture mondiale se distinguera-t-elle radicalement des automobiles précédentes?

g Quelle évolution l'article prévoit-il pour la commercialisation de la voiture mondiale?

h En quoi est-ce que l'utilisation de la voiture particulière «suivra de près les tendances culturelles» (ll. 34–5)?

i Expliquez l'allusion à la division du travail (l. 40).

j Commentez cette affirmation: «l'opinion pourrait témoigner à son propos de sursauts de protectionnisme qu'elle n'a pas manifestés ailleurs» (ll. 43–5).

k Quelle leçon pourrait-on tirer de l'exemple de l'automobile?

l Quel serait l'effet des «avancées . . . révolutionnaires» (ll. 51–2) évoquées dans l'article?

m Quelles sont les anciennes et les nouvelles «branches motrices» (l. 60)?

n Expliquez ces expressions:

- le remodelage du paysage économique (l. 59)
- ont servi de locomotive au progrès technique (ll. 65–6)
- retombées de la technologie et de la recherche (ll. 69–70)
- promouvoir les convergences (ll. 72–3)
- les croisements des spécialités (l. 75)

o Qu'entend-on par «les fertilisations nécessaires» (l. 82), et quelle politique pourrait les assurer?

p Comment le rôle des scientifiques devrait-il évoluer?

q Expliquezs la phrase «l'effort d'innovation se déplacera du produit sur le service» (ll. 88–9).

r Qu'est-ce qu'une banque de données (l. 91).

s Qu'entend-on par «valorisation des océans» (l. 104)?

2 Exposé

a Relisez le premier paragraphe. Choisissez l'un des cinq facteurs cités aux lignes 2 et 3 et préparez un commentaire assezs bref (2 à 3 minutes suffiront) que vous présenterez à votre groupe. Il conviendrait d'illustrer vos remarques par au moins un exemple concret.

b Divisez votre groupe en «equipes de deux ou trois personnes. Répartissez parmi les équipes les sept industries du futur citées aux lignes 99 à 105 de façon à ce que chacune d'elles soit traitée par au moins un des binômes ou trinômes. Chaque équipe fera un exposé d'une dizaine de minutes sur la ou les industries de son choix. N'hésitez pas à faire appel aux moyens techniques à votre disposition (tableaux, graphiques, projecteur, rétroprojecteur, diapositives, film vidéo ou autre) et aux conseils pédagogiques de votre professeur.

3 Version

Traduisez en anglais les lignes 13–45 (Le cas de l'automobile . . . ailleurs.).

4 Essai

a «La France se désindustrialise» (l. 7–8). Partagez-vous ce jugement?

b L'automobile est-elle toujours «le produit symbolique de la société industrielle» (ll. 14)?

c «La recherche et la technique auront beau révolutionner l'industrie, le manager de l'an 2000 sera sensiblement le même que celui d'aujourd'hui.» Commentez ce jugement.

d La voiture est-elle un instrument de liberté ou d'asservissement?

5 Résumé

Résumez en français en 150 à 175 mots le contenu des lignes 56–105 Il est de grande utilité . . . l'espace).

6 Discussion

Thèmes de discussion en groupe ou mini-groupe:

a Le gigantisme est-il la seule et unqiue garantie de l'avenir? Ou bien existe-t-il des secteurs où la devise 'ce qui est petit est beau' sera toujours valable?

b Prenez position pour ou contre des mesures de protection en faveur de l'industrie automobile française, britannique ou européenne.

7 Thème

Traduisez en français un des deux extraits suivants:

a

We may say, therefore, that modern technology has deprived man of the kind of work that he enjoys most, creative, useful work with hands and brains, and given him plenty of work of a fragmented kind, most of which he does not enjoy at all. It has multiplied the number of people who are exceedingly busy doing kinds of work which, if it is productive at all, is so only in an indirect or 'roundabout' way, and much of which would not be necessary at all if technology were rather less modern. Karl Marx appears to have foreseen much of this when he wrote: 'They want production of too many useful things, but they forget that the production of too many useful things results in too many useless people', to which we might add: 'particularly when the processes of production are joyless and boring'. All this confirms our suspicion that modern technology, the way it has developed, is developing, and promises further to develop, is showing an increasingly inhuman face, and that we might do well to take stock and reconsider our goals.
(Extrait de E. F. Schumacher, *Small is beautiful*, London, Abacus, 1973)

b

There cannot be a Common Market without some common rules as to what firms may or may not do in order to make and sell their products, and what national governments and regional authorities may or may not do in order to help them. The reasons for this are quite obvious.

In the absence of such rules, the firms which are subject to fewest regulations as regards wages, hours, working conditions, safety standards, pollution and publicity will inevitably have a considerable advantage unless they are so bad that they cannot find workers or that their products fall apart. Governments which in the public interest impose relatively strict standards will then have to take counter-measures, and these counter-measures will in some way restrict the free flow of trade. Hence there will be no Common Market even if there is a customs union.

Again, if firms can make agreements to carve up the market so that certain products are sold in Britain but not in France, or so that German products coming into Belgium shall not be sold cheaper than similar products already available there, customers will not get the full benefit of the single West European economy.

(Extrait de A. J. C. Kerr, *The Common Market and how it works*, 1987 edn, Oxford, Pergamon.

8 A vous de jouer

Vous venez d'être embauché par la division marketing d'une société britannique spécialisée dans la conception et fabrication de matériel électronique de pointe. Ayant appris que vous parlez français, un collègue britannique qui travaille dans la section R et D d'une des usines du groupe vous envoie par télécopieur la page reproduite ici (Extrait 6.1), en vous demandant de bien vouloir lui téléphoner dans la matinée afin de lui expliquer le contenu des sept «flash» en question. Il précise que s'il est absent de son bureau vous n'aurez qu'à enregistrer votre message sur le répondeur automatique.

Pour jouer ce jeu vous pourrez choisir entre les moyens suivants, selon que votre interlocuteur est absent ou présent au bureau:

En cas d'absence
Vous enregistrerez votre communication – en anglais, bien entendu – sur cassette (en laboratoire de langues ou autrement) et puis

- soit vous la remettrez au professeur pour commentaires,
- soit, travaillant en binômes, vous échangerez votre cassette contre celle de votre partenaire, et, ayant comparé les deux, vous discuterez pour décider d'une solution idéale, que l'un d'entre vous enregistrera et passera au professeur.

S'il est présent
Travaillant en binômes, l'un jouera le rôle de l'interlocuteur français, l'autre celui du collège britannique qui parle français. Simulez la conversation téléphonique. (Vous pouvez changer de rôle à mi-parcours si vous le souhaitez.)

Extrait 6.1

LETTRE DE GRANDE-BRETAGNE

Chaque semaine en direct d'une grande capitale industrielle

GRANDE-BRETAGNE 8.09.88 LONDRES

Mieux désoxytgéner l'eau de mer pompée avec le pétrole

L'université de Newcastle vient de mettre au point un nouveau procédé pour éliminer l'oxygène contenu dans l'eau de mer, pompée inévitablement avec le pétrole offshore. *Ce dispositif est vingt fois plus léger que le système actuellement employé (5 tonnes contre 100 tonnes).* Un joli gain, lorsqu'on sait que chaque tonne supportée par une plate-forme revient à plus de 100 000 francs!

60 millions de francs pour un câble à fibre optique

La société STC vient de décrocher un contrat de 60 millions de francs pour construire le plus long câble à fibre optique du monde sans répéteur. D'une longueur de 155 km, ce câble, *destiné au passage de communications téléphoniques, reliera l'Angleterre à la Hollande.*

800 millions pour explorer le soleil

Le Centre national britannique de l'espace (BNSC) va consacrer près de 800 millions de francs pour explorer le soleil. Dans le cadre du programme Horizon 2000 de l'ESA, cet argent sera réparti entre deux missions, Soho et Cluster. Leurs buts: *mieux comprendre l'influence du soleil sur le climat terrestre, et mieux protéger les engins spatiaux contre le rayonnement solaire.*

Premier détecteur automatique d'embouteillage

Un dispositif automatique de signalisation a été mis en place sur 80 km de l'autoroute M1 (entre Buckingham et Northampton). Lorsqu'il détecte une circulation lente ou arrêtée, il *déclenche automatiquement des signaux lumineux limitant la vitesse à 80 km/h et prévient la police locale.* Si l'opération se révèle efficace, elle pourrait être étendue à l'ensemble du réseau autoroutier britannique.

Un anti-bruit très actif

Une société de Southampton, Adaptative Controls, a mis au point un appareil destiné à supprimer la majorité des bruits provenant des moteurs de voitures. *Ce dispositif est piloté par un microprocesseur dont le rôle est de sélectionner les harmoniques dominantes et d'émettre des fréquences en opposition directe avec elles* par l'intermédiaire des haut-parleurs du véhicule.

Automotive Product concurrence Valeo

Quelques mois après Valeo, la compagnie Automotive Product vient d'annoncer la mise au point d'*un système automatique d'embrayage et d'accélérateur qui supprime la pédale d'embrayage* (la boîte de vitesses mécanique est conservée). *La production en série devrait démarrer en 1991.*

Perkins s'allie à Pegaso

Le constructeur de moteurs Diesel Perkins vient de signer un accord avec l'espagnol *Pegaso*. Ce dernier *commercialisera les nouvelles séries des moteurs britanniques et les montera sur ses futurs véhicules.* L'accord porte aussi sur la collaboration technique: les deux firmes devraient développer ensemble une gamme de moteurs de capacité moyenne.

Page réalisée sous la responsabilité de Michel Vilnat.

(L'USINE NOUVELLE NO.36)

7 Informatique et bureautique

Les métamorphoses d'une même technologie

Partons d'une remarque de base: la bureautique n'est pas née de rien ni survenue par hasard. Elle est le résultat de tout un processus. Elle est en même temps une étape particulière précédant des développements à venir. Aussi
5 allons-nous la replacer dans ce processus technologique et économique qui s'apparente d'ailleurs à celui de nombreuses innovations de notre temps.

Si l'on considère un matériel bureautique de base (machine de traitement de texte ou micro-ordinateur) et ce
10 qu'il comprend – clavier/écran, unité centrale, mémoires, périphériques, progiciels – il apparaît sans ambiguïté qu'il s'agit d'informatique.

Autrement dit, analysée d'un point de vue technologique, la bureautique, dans cet exemple, c'est de l'infor-
15 matique. Apparemment peu de ressemblance pourtant entre les énormes calculateurs des débuts de l'informatique mobilisant de vastes salles et des équipes entières de spécialistes et ces matériels actuels tenant sur une petite

table et utilisables par tout un chacun. A cette évolution,
20 deux raisons qui se complètent:

– La miniaturisation:

La réduction de la taille des équipements a été progressivement rendue possible par l'emploi de transistors, des circuits intégrés et enfin des micro-processeurs. Grâce à
25 eux les produits sont devenus plus accessibles: faible volume, moindre coût et fabrication standard.

– La logique marketing des constructeurs:

Par définition ils doivent vendre leurs produits et cela dans un univers fortement concurrentiel. Ils sont donc
30 toujours à la recherche de nouveaux marchés: nouveaux produits, nouvelles utilisations, nouveaux utilisateurs. D'où la nécessité de pénétrer les marchés existants et de diversifier leur offre en s'appuyant sur toutes les découvertes technologiques en les développant au fur et à mesure.

35 L'interaction «découvertes technologiques – logique marketing des constructeurs» amène à distinguer trois grands niveaux de développement de l'informatique. Ces trois niveaux se sont succédé dans le temps tout en coexistant actuellement.

40 **1er niveau: Besoins d'ensemble des entreprises = systèmes centralisés = spécialistes**

Ce niveau correspond à la mise en place de gros systèmes, de mini-ordinateurs et de systèmes utilisant la téléinformatique. Trois grands domaines sont visés:
45 – la recherche scientifique (c'est la première vocation des ordinateurs).
– la gestion (comptabilité, paie, etc.),
– la production industrielle (contrôle de processus, etc.).

Quelques points caractéristiques sont à relever:

– Le contrôle et l'usage des systèmes sont résérves à des spécialistes (informaticiens et service informatique).
– Les systèmes mis en place couvrent centralement des besoins d'ensemble des entreprises.
– Les applications s'adressent à des traitements de masse, aux procédures répétitives.
– Les traitements informatiques évoluent; ils sont de plus en plus souvent interactifs. Autrement dit, ils permettent un dialogue entre l'utilisateur et le système.

Aujourd'hui, ce premier niveau de développement est généralement atteint. Vers quels autres marchés les fournisseurs de matériels doivent-ils se tourner? D'un point de vue technologique, les micro-processeurs permettent de réaliser de très petits matériels. Du côté des entreprises, les besoins d'ensemble sont couverts au moins potentiellement.

Que reste-t-il?

Les trois quarts du personnel ne sont pas encore concernés directement par l'informatique; il va donc s'agir de s'adresser à leurs besoins individuels. Mais à une seule condition: que les produits proposés soient d'un emploi facile. Il faut donc désenclaver l'informatique, la sortir des mains des spécialistes et la rendre utilisable par tous ou presque.

2ᵉniveau: Besoins individuels = outils individuels = tout le monde

En s'attachant aux personnes individuellement et à leurs besoins, on constate qu'ils sont potentiellement de deux ordres:

– La personne hors de la vie professionnelle: c'est la micro-informatique ludique, domestique ou familiale.
– La personne dans sa vie professionnelle et dans l'entreprise: c'est la bureautique.

Comme nous l'avons vu, les besoins spécifiques des personnes à leur bureau ne sont pas du tout la préoccupation de l'informatique du 1ᵉʳ niveau (informati-

85 que centralisée). Néanmoins, ces personnes existent . . . nous les avons rencontrées! Que font-elles quand elles ne sont pas strictement occupées à faire de la recherche, de la gestion, de la production?

En fait beaucoup de choses, mais quoi exactement?

90 Elles traitent individuellement des informations: elles écrivent, dactylographient, calculent, téléphonent, se rencontrent et cela sans aide automatisée.

C'est cette zone floue, zone qu'on associe au monde du bureau – ou bien à des tâches administratives ou bien 95 encore à des populations dites informationnelles ou enfin aux activités tertiaires – que vise l'informatique du deuxième niveau: celle des outils individuels, la bureautique à ses débuts. Et elle s'insère dans ce marché avec 2 types de matériels: machines de traitement de texte, et micro-100 ordinateurs munis de progiciels (traitement de texte, tableurs, graphiques, etc.).

Cela amène quelques remarques:

– Ces produits, au moins au début, ont des performances réduites en rien comparables avec l'informatique cen-105 tralisée.
– Ils se présentent de la façon la plus simple possible afin que quiconque ou presque puisse les utiliser. Autrement, ils seraient invendables sur ce marché.
– Ils échappent complètement au contrôle de l'informati-110 que centralisée et des informaticiens. D'autant que les investissements qu'ils requièrent sont sans proportion avec ceux de l'informatique de premier niveau.
– Ils créent au sein de l'entreprise des informatiques rivales: celle des spécialistes, celle des utilisateurs indi-115 viduels.
– Ils attirent l'attention des organisateurs sur cet espace encore intouché – le «bureau» – et riche en potentiels.
– Ils modifient les habitudes de travail et les relations entre les personnes.
120 – Enfin, ils s'avèrent bien vite insuffisants parce que d'un usage limité.

3e niveau: Coexistence de besoins de niveaux différents = poste de travail communicant = diversification et interpénétration des compétences informatiques

125 On peut actuellement constater une double tendance.

Perfectionnement des outils proposés
Les utilisateurs ont à leur disposition des fonctions plus nombreuses et intégrées, dont l'utilisation est parfois plus
130 difficile. Les outils offrent des performances et des capacités mémoire accrues. A tel point d'ailleurs que, dans certains cas, la frontière mini-micro-ordinateur est fort peu distincte.

135 *Evolution des besoins des utilisateurs*
Travailler de façon autarcique avec un outil fermé sur lui-même et ne communiquant pas, réduit considérablement l'intérêt de ce type d'application. Il est beaucoup plus intéressant et utile de pouvoir également:

- Utiliser directement les données existantes au niveau de l'entreprise sans avoir à les ressaisir soi-même pour les
140 traiter. Cela pose le problème de l'accès aux fichiers informatiques centraux.
- Consulter des informations non détenues au niveau du poste de travail (accès à des banques ou des bases de données internes ou externes à l'entreprise).
145 - Echanger des points de vue ou des documents, se passer des messages (messagerie et courrier électroniques).
- Mettre en place des applications spécifiques dont certaines données sont nécessaires à l'ensemble de l'entreprise (logiciel de suivi d'affaires par exemple).
150 - Constituer et partager des ressources communes trop onéreuses individuellement (serveurs d'archivage, d'impression via des réseaux).
- etc.

Le perfectionnement des outils et l'évolution des besoins
155 des utilisateurs se traduisent par différents glissements:

- Passage d'outils fermés et limités dans leurs possibilités à de véritables postes de travail susceptibles de répondre à des besoins multiples: travail autonome et communications.

160 – Outils dont on ne disait pas qu'ils étaient informatiques et qui doivent maintenant s'intégrer dans un univers pleinement informatique (machines de traitement de texte, télécopieurs . . .). D'où de nombreux problèmes techniques notamment en matière de compatibilité en-
165 tre matériels différents et donc de normalisation.

– Modifications des relations au sein des entreprises: les services informatiques ne sont plus les seuls détenteurs de l'informatique; les utilisateurs ne peuvent plus travailler de façon isolée; c'est par conséquent l'émergence
170 de nouvelles règles du jeu et la nécessité d'une réflexion organisationnelle et stratégique.

A ce stade et d'un point de vue technologique, peut-on dissocier bureautique et informatique? Cela semble très difficile. Informatique et bureautique deviennent une *Nou-*
175 *velle informatique* tournée vers une communication non dédiée et des outils dits «de 4e génération» (infocentres, systèmes experts, gestionnaires de base de données, tableurs . . .).
(Extrait de J-P Mairet, S. Pestel, 1985)

Références bibliographiques

Sources

J-P. Mairet, S. Pestel, *Comment implanter la bureautique dans votre entreprise* (Paris: Dunod, 1985) pp. 2–5.

R. Reix, *Parler bureautique et télématique* (Paris: Foucher, 1986) pp. 22, 27.

J-P. Peaucelle, A-M. Alquier-Blanc, M-F. Barthet, E. Briys, M. Klein, *L'informatique sur mon bureau* (Paris: Vuibert 1988) pp. 36–7, 39, 41, 219.

E. Alexandre, «Télétel: des services pour l'entreprise» dans *Informatique et Entreprise*, avril–mai 1987, p. 125.

T. le Goff, «Faire fortune dans les services Minitel» dans *Entreprendre*, août 1987. p. 23.

Pour en savoir plus

P. Mathelot et autres, *La Bureautique* (Paris: PUF Que sais-je? édition 1984).

Exercices

1 Répondez

a «Analysée d'un point de vue technologique, la bureautique . . . c'est de l'informatique» (ll. 13–15). Si les deux utilisent la même technologie, une distinction apparaît clairement au niveau des applications. Exprimez dans une seule phrase la particularité de la bureautique qui la distingue de l'ensemble de l'informatique.

b «Les produits sont devenus plus accessibles» (l. 25). «Accessibles» en quels sens?

c Qu'entend-on par l'expression «la logique marketing des constructeurs» (l. 27)?

d En termes généraux, quel a été l'effet de l'interaction entre les progrès technologiques et le besoin des constructeurs de créer de nouveaux marchés?

e Expliquez l'expression «la télé-informatique», et donnez quelques exemples de son application.

f Quels secteurs ont été les premiers à être servis par l'ordinateur? A votre avis, pouquoi ces domaines ont-ils été privilégiés de cette façon?

g On pourrait distinguer trois tendances qui ont suivi «la mise en place de gros systèmes» (l. 42): spécialisation, centralisation et traitements de masse. Expliquez l'essentiel de ces phénomènes dans le contexte de la première étape dans l'évolution de l'informatique.

h Qu'est-ce que les auteurs de l'extrait entendent par le mot «interactif»? Donnez quelques exemples de traitments ou opérations interactifs.

i «Il va donc s'agir de s'adresser à leurs besoins individuels» (ll. 67–8). Dans quel but va-t-on s'y adresser?

j Expliquez l'expression «désenclaver l'informatique» (l. 70).

k Dans le texte on parle des usages non-professionnels de l'informatique. Donnez quelques exemples d'applications ludiques, domestiques ou familiales.

l Pourquoi, à votre avis, est-ce que «les besoins des personnes à leur bureau ne sont pas du tout la préoccupation de l'informatique du premier niveau» (ll. 82–4)?

m Quels genres d'activités professionnelles sont visés dans le marketing de l'informatique du deuxième niveau? Quels utilisateurs sont ciblés? Quels matériels leur sont proposés?

n Expliquez le terme «progiciels» (l. 11), et fournissez quelques exemples de tels produits.

o Etes-vous d'accord que les performances des matériels micro-informatiques sont toujours «en rien comparables avec l'informatique centralisée» (ll. 104–5)?

p Pourquoi est-ce que ces matériels échappent complètement au contrôle de l'informatique centralisée?

q Donnez quelques exemples de cette progression vers des produits qui «se présentent de la façon la plus simple possible» (l. 106).

r Expliquez la phrase «D'autant que les investissements qu'ils requièrent sont sans proportion avec ceux de l'informatique de premier niveau» (ll. 110–12).

s Qu'entendez-vous par l'expression «diversification et interpénétration des compétences informatiques» (ll. 123–4)?

t Pourquoi la frontière entre la mini- et la micro-informatique est-elle devenue «fort peu distincte» (ll. 132–3)?

u Expliquez le sens de l'expression «travailler de façon autarcique avec un outil fermé sur lui-même» (l. 136).

v Que veut dire «sans avoir à les ressaisir soi-même pour les traiter» (ll. 139–40).

w Quel est «le problème de l'accès aux fichiers informatiques centraux» (ll. 140–41)?

x Citez une ou deux «bases de données externes» (ll. 143–4). Quel est l'intérêt particulier de chacune?

y Imaginez et expliquez l'application d'un «logiciel de suivi d'affaires» (l. 149).

z Que signifie la notion de «compatibilité» (l. 159) dans ce contexte?

2 Définition

En termes très généraux, on pourrait dire que *l'informatique* concerne l'ordinateur, que *la bureautique* signifie l'application de cette nouvelle technologie au travail de bureau, et que *le télématique* associe informatique et télécommunications.

a D'abord, à titre de contrôle personnel de vos connaissances, et avant de consulter d'autres définitions ailleurs, écrivez une définition de chacun des trois termes suivants: *informatique, bureautique, télématique*. Ensuite, comparez vos trois définitions avec celles des autres membres du groupe et avec des définitions plus ou moins «officielles». Tâchez de vous mettre d'accord sur trois formulations acceptables pour l'ensemble du groupe.

b Ensuite, faites les éventuelles recherches nécessaires pour pouvoir définir et expliquer oralement les termes suivants:

une unité centrale	(l. 10)
une progiciel	(l. 11)
un périphérique	(l. 11)
un traitement interactif	(l. 55)
les tableurs	(ll. 100–1)
des fonctions intégrées	(ll. 128–9)
ressaisir	(l. 139)
une base de données	(ll. 143–4)
un réseau	(l. 150)
les serveurs	(l. 151)
de quatrième génération	(l. 176)
un système expert	(l. 177)

3 En d'autres termes

Reformulez les phrases suivantes sans en changer le sens:

a d'où la nécessité de pénétrer les marchés existants et de diversifier leur offre en s'appuyant sur toutes les découvertes technologiques et en les développant au fur et à mesure.

b Comme nous l'avons vu, les besoins spécifiques des personnes à leur bureau ne sont pas du tout la préoccupation de l'informatique de premier niveau (informatique centralisée).

c C'est cette zone floue, zone qu'on associe au monde du bureau, que vise l'informatique du deuxième niveau; celle des outils individuels, la bureautique à ses débuts.

4 Explication

Etudiez d'abord le Tableau 7.1 qui schématise divers types de message et quelques moyens de les traiter. Préparez-vous à expliquer à un collègue français ce que vous entendez par chacun des termes utilisés dans la grille.

Tableau 7.1
Types de message et traitements

	Production	*Transmission diffusion*	*Archivage Consultation*
Données	Matériel de saisie (encodeurs) Ordinateurs Machines à calculer	Lignes spécialisées (TRANSPAC, CADUCÉE) Téléphone Télex	Ordinateur avec supports magnétiques (disques, bandes . . .)
Textes	Machine à écrire Matériels de traite-ment de texte Ordinateur	Courrier postal Copieurs, duplicateurs Télécopieurs Télex Vidéotex	Microformes Disque optique numérique Supports magnétiques
Images	Caméras ciné, vidéo Terminal graphique Table traçante	Télévision Télécopieur Téléécriture Vidéoconférence Copieurs	Microformes Vidéodisque Disque optique numérique Magnétoscope
Sons	Dictaphone Caméras sonores (ciné et vidéo)	Téléphone Audio conférence Télévision	Magnétophone Magnétoscope

(R. Reix, *Parler bureautique et télématique*, Foucher, 1986)

5 A vous de jouer

A l'aide de la grille qui figure dans le tableau 7.1, jouez le jeu de la question et réponse de la façon suivante.

Un membre du groupe est désigné pour commencer le jeu. Cette personne:

– choisit au hasard un élément dans une des cases, et puis
– pose une question basée sur celui-ci et dont la réponse se trouve dans une ou même deux des autres cases (normalement dans la même rangée horizontale).

Ayant formulé et posé sa question, elle demandera à un autre membre du groupe de fournir une réponse – réponse qui sera acceptée ou discutée par le groupe. Le nouvel interlocuteur posera une question à son tour, et ainsi de suite . . .

A titre d'exemple, prenez ces échanges:

JANINE Dites-moi, par quel moyen est-ce que je pourrais transmettre au siège social dans un délai minimum un message enregistré sur Dictaphone; et si je voulais le faire archiver, comment est-ce qu'on le ferait? Catherine?
CATHERINE Je pense qu'il n'y a qu'un seul moyen rapide: le téléphone, et le message lui-même sera archivé sur magnétophone (ou sur une autre bande Dictaphone, bien entendu). D'accord? Maintenant à moi de poser une question: ma société utilise les microformes pour stocker certaines catégories d'information. De quel genre d'information s'agit-il? Raymond?
RAYMOND A en croire à mon tableau, je pense qu'il s'agit d'images produites par ordinateur, à savoir la production d'un terminal graphique ou d'une table traçante. C'est ça?
CATHERINE Bien sûr, mais tu n'as pas loupé . . . tu n'as pas oublié quelque chose?
RAYMOND Ah, oui! Il n'y a pas que les images, il y a aussi les textes écrits – la frappe classique, évidemment, et puis la production de l'imprimante de l'ordinateur et de la machine à traitement de texte. D'accord? Eh bien, ma question porte sur cette même microforme: combien est-ce qu'il y a de moyens de la transmettre ou diffuser? Christine?
(Christine répond et ainsi de suite . . . .)

6 Version

Traduisez en anglais la dernière partie de l'extrait, à partir de «le perfectionnement» (l. 154) jusqu'à «base de données, tableurs» (l. 178).

7 Résumé

Résumez, en moins de 150 mots, l'essentiel des trois niveaux de développement de l'informatique distingués dans l'extrait.

8 Exposé

Vous êtes le secrétaire bénévole d'une association à but non lucratif qui compte plus de cinq cents adhérents. (A vous de choisir et d'indiquer la nature et les objectifs du club.)

Le comité de direction est dynamique, le programme d'activités chargé et le taux de participation élevé. Le nombre et la fréquence des opérations financières (abonnements, recettes, factures, déboursements . . .) augmente d'une façon alarmante. Le secrétariat (tous des bénévoles) est débordé. Le président vous demande d'étudier le problème et de proposer au comité des solutions, éventuellement faisant appel à la micro-informatique.

Faites l'exposé devant votre groupe ou mini-groupe, et soyez prêt à répondre aux questions sur vos choix.

9 Exposé en équipe

Un système expert met à la disposition de l'utilisateur non seulement les connaissances et l'expérience mais aussi ses règles de raisonnement.

En binômes, présentez un court exposé sur les systèmes experts complété par un exemple concret.

10 Essai

a La finalité de la bureautique est d'augmenter la productivité en facilitant le travail du bureau, tout en le rendant plus intéressant et surtout plus efficace.

Y a-t-il un revers à cette médaille?

b «L'informatique de l'utilisateur final est une voie d'information qui allège le rôle des informaticiens de l'entreprise» (J-P Peaucelle *et al.*, 1988). On observe en fait dans bon nombre d'entreprises une «cohabitation» croissante entre d'une part l'informatique centralisée, avec ses spécialités et ses gros moyens, et d'autre part une prolifération de micro-ordinateurs dans des postes de travail indépendants. En dépit d'une rivalité naturelle, la première n'a pas pu exclure la seconde.

Expliquez et commentez ce jugement.

c «L'informatique industrielle et la télé-informatique vont révolutionner le travail pour de nombreux professionnels – ils n'iront que rarement au bureau. Par contre, ils effectueront leur travail à domicile et ils auront un style de vie ressemblant plus à celui du freelance qu'à celui de l'employé» A quels secteurs ce jugement vous paraît-il s'appliquer, et à quelles transformations dans les relations humaines au sein de l'entreprise faut il s'attendre?

d «L'informatique individuelle se transforme de passe-temps branché en outil de travail essentiel à tout professionnel.» Partagez-vous cette opinion?

11 Discussion

a La «carte active» ou «carte à mémoire» est une carte dans laquelle ont été incorporés un micro-processeur et une mémoire. Connectée via un terminal à un ordinateur central, elle peut recevoir, enregistrer, modifier et restituer des données. Avant de vous réunir en groupe de travail, identifiez un ou deux exemples de situations où la «smart card» est utilisable. Rendez-en compte aux autres membres du groupe. Après que les exemples auront été exposés et commentés en commun, le groupe dressera la liste des champs d'application de la carte active.

b A la limite la bureautique pourrait permettre d'abolir le papier (la lettre, le mémorandum, la note de service, le dossier . . .) dans les administrations. A votre avis, serait-ce un vrai progrès?

12 Rapport oral

Vous faites un stage d'un an dans une entreprise en pleine expansion. Votre chef des services administratifs vous demande d'étudier le fonctionnement d'une messagerie électronique et de lui en expliquer l'essentiel (Tableau 7.2 pourrait vous servir de point de départ ou éventuellement de support visuel pour votre compte rendu).

13 Travail de groupe

En groupe, discutez de l'utilité d'une messagerie électronique dans le contexte d'un établissement d'enseignement supérieur (université, Institut Universitaire de Technologie, grande école, et cetera). Votre groupe de travail a pour tâche de rédiger la liste des avantages et inconvénients d'un tel système pour cet établissement.

Le Tableau 7.3 pourrait vous être utile.

14 Version orale

Vous appartenez au service export d'une entreprise moyenne dans le textile. Un collègue qui va effectuer sa première tournée de visites d'affaires en France et qui aura souvent recours au Minitel – surtout l'annuaire électronique – vous apporte le document reproduit ici (Extrait 7.1) et vous demande de le traduire pour lui sur-le-champ. (Il précise qu'il connaît bien le système britannique Prestel.)
(Faites de votre mieux la traduction à vue.

Tableau 7.2
Messagerie – fonctions et modalités

Différentes fonctions	*Modalités d'exécution*
Émission du message	Composition au clavier Affichage d'un accusé de réception
Consultation	Affichage sur l'écran des messages rangés dans la boîte aux lettres de l'abonné
Traitement	Destruction: message effacé Archivage: classement dans un fichier sur disque magnétique
Mise en attente	Message en attente dans la «boîte aux lettres»; affiché à l'écran sur demande
Réexpédition	Modifié ou pas, réexpédition vers d'autres destinataires

(R. Reix, *Parler bureautique et télématique*, Foucher, 1986)

Tableau 7.3
Les services d'une messagerie

- Gestion de boîtes aux lettres par destinataires
- Écriture d'un message, avec possibilités plus ou moins grandes de mise en page et de correction
- Envoi de messages à une personne
- Envoi de messages à une liste de personnes
- Accusé de réception (date et heure de lecture) confirmé à l'expéditeur
- Retransmission de copies d'un message reçu
- Consultation de la liste générale des abonnés sur des critères particuliers et sélection dans cette liste
- Constitution de listes propres à chaque abonné
- Réponses à un message (message réexpédié en retour)
- Classement de dossiers propres à chaque utilisateur (classer, rechercher, recopier, détruire . . .)
- Confidentialité par mot de passe ou même cryptage

(J-P. Peaucelle *et al.*, *L'informatique sur mon bureau*, Paris: Vuibert 1988)

Extrait 7.1

Le Minitel

Pour utiliser l'annuaire électronique, on décroche son téléphone, on compose le 11, on allume le Minitel, on appuie sur la touche «Connexion/Fin». On peut reposer le combiné téléphonique.

Lorsqu'on allume le Minitel apparaît en haut à droite de l'écran le caractère «F» en inversion vidéo. Le Minitel n'est pas connecté; si on frappe des caractères au clavier, ceux-ci sont tout de suite affichés à l'écran.

Lorsqu'on a composé un numéro de connexion au téléphone (ici le 11), on peut entendre un sifflement, c'est l'onde porteuse du réseau Vidéotex. Lorsqu'on a appuyé sur «Connexion/Fin», le son disparaît, le Minitel est connecté. Sur l'écran apparaît en haut à droite le lettre «C» en inversion vidéo, à la place du «F».

Lorsque le terminal est connecté, tous les caractères frappés au clavier sont envoyés sur le réseau et c'est l'ordinateur serveur qui les renvoie au Minitel pour affichage au clavier. Ceci explique que parfois, il faille attendre un certain temps avant qu'un caractère frappé apparaisse à l'écran; le serveur a d'autres choses à faire, il est surchargé et il attend avant de traiter cette entrée. Un conseil? *ne frapper des caractères que lorsque le serveur demande réponse, un choix.*

Le premier écran de l'annuaire électronique est celui de la recherche du numéro d'un abonné au téléphone. L'écran vide propose de donner les informations suivantes:

– nom,
– rubrique,
– localité,
– département,
– adresse,
– prénom,

Lorsqu'on a rempli une information, on passe à la suivante avec la touche «Suite»; on revient à la ligne précédente avec la touche «Retour». Lorsqu'on a formulé sa question, on l'envoie au serveur avec la touche «Envoi».

Toutes ces informations ne sont pas obligatoires:
– si on donne le nom, il faut au moins donner le département ou la localité;
– on peut chercher tous les abonnés d'une adresse donnée;
– on peut chercher les abonnés correspondant à une rubrique donnée, dans un département ou dans une localité.

Avec ces critères de recherche, très souples, on risque de trouver un grand nombre de réponses. On peut affiner la manière de formuler la recherche: on appuie alors sur la touche «Correction». Le serveur redonne la possibilité de formuler la recherche. On passe d'une ligne à l'autre avec les touches «Suite» et «Retour». On efface les caractères d'une ligne avec la touche «Correction», ou toute la ligne avec la touche «Annulation».

Lorsqu'il y a un grand nombre d'abonnés en réponse à la recherche, on les visualise successivement sur l'écran par les touches «Suite» et «Retour».

A la fin de la recherche, on arrête le Minitel. Soit on appuie sur «Connexion/Fin»; on revient alors dans l'état du Minitel allumé mais non connecté. Les informations affichées à l'écran restent visibles. On peut aussi éteindre le Minitel. Dans l'un et l'autre cas, la ligne téléphonique redevient disponible pour une communication téléphonique normale.

(J-P Peaucelle *et al.*, *L'informatique sur mon bureau*, Paris: Vuibert, 1988)

15 Réduction

Au cours d'un stage dans une entreprise de loisirs en France vous avez utilisé tous les services et effectué toutes les opérations cités dans le Tableau 7.4. Votre stage tire à sa fin, et on vous demande de rédiger, à l'intention de votre successeur, un rapport sommaire sur le Vidéotex interactif dans votre travail.

Tableau 7.4
Exemples de services Minitel

Interrogation	*Commande*
• Consultation d'horaires ou de disponibilités de places: train, avion, bateau, place de théâtre, hôtel	Réservation de places, de chambres
• Consultation de catalogues de vente par correspondance, consultation de stocks	Commandes de produits
• Consultation de comptes bancaires (soldes, mouvements)	Gestion de trésorire par décisions de virements de compte à compte
• Consultation de cours boursiers, de cours de change	Gestion de portefeuille de valeurs, de devises
• Consultation de listes, de règlements	S'inscrire, accomplir des formalités administratives

(J. P. Peaucelle *et al.*, *L'informatique sur mon bureau*, Paris: Vuibert, 1988)

16 Thème

Vous travaillez en France dans le service Documentation et Relations Externes d'une société d'experts–conseils en management, dont le président directeur général cherche activement à nouer des contacts avec des collègues en Europe. Traduisez à son intention cet extrait d'une lettre qu'il a reçue du PDG d'une firme britannique de consultants qu'il avait rencontré lors d'un congrès à Paris:

For a small firm like ours (as you know, we have nearly fifty on the payroll today, but when we started out six years ago there were just three of us) the arrival of the inexpensive micro was a godsend. Although at that stage we had no answering machine, and things like telex and fax were way beyond our budget, we took our courage in our hands and bought a medium-priced popular business micro with WP software and various essential start-up packages, and we splashed out – wisely, as it turned out – on a good quality daisy-wheel printer.

We absorbed the basics fairly quickly, and as our confidence grew we found that hardly a week would go by without one or other of us coming up with an idea for improving some aspect of the administration of the business – correspondence, dossiers, accounts, case histories, and so on. We discovered economical ways of sharing information and found our effectiveness as a team increased dramatically in the months after we had devised a fairly simple system for making sure that everyone knew what the others were doing: this soon became one of our most valuable tools as it increasingly enabled us to share our growing experience, avoid duplication, and channel work to the most appropriate specialist. We still rely on it today, although now we write (and sell, of course) a lot of our own software and use a more sophisticated combination of hardware.

Costs have fallen so sharply that today we can afford to build our own in-house data bases; we also have on-line access to several commercial data-banks, state-of-the-art electronic office facilities, a high quality desktop publishing system and a network of individual multi-purpose work stations for the consultants – and, of course, enough compatible lap-tops to enable them to keep in touch with the head office even when working abroad.

17 Etude de cas

Vous effectuez une année d'études à une école de gestion dans une grande ville en France. Votre groupe doit mettre sur pied un projet visant à identifier un créneau prometteur dans le secteur des services Vidéotex et à proposer un nouveau service Minitel. Après avoir fait les recherches nécessaires, vous disposez de cinq à dix minutes pour présenter un exposé en équipe dans le but de «vendre» ce projet à un groupe de notables de votre ville désireux d'encourager les initiatives locales.

Les Extraits 7.2 et 7.3 pourront être utiles pour orienter vos recherches.

Extrait 7.2

Le minitel, terminal informatique

■ Il n'est plus permis de douter d'une réelle vie économique télématique, où contacts et contrats se nouent en marge des schémas traditionnels. Les nouveaux services télématiques sont ainsi à même de participer à l'essor et au développement des activités des entreprises. Mais ils peuvent, à terme, conduire à une réorganistion des services internes. Il est parfaitement concevable de créer une entité télématique, chargée de collecter les informations accessibles sur les nombreuses banques de données existant sur Télétel, en complément des moyens classiques.

Productivité et investissement sont les mots clefs de la reconnaissance du minitel en tant que terminal–outil informatique. Cela suppose donc l'établissement d'un cahier des charges, comme pour toute informatisation, qui comporte le nombre de postes nécessaires (et leur attribution raisonnée . . .), l'évaluation dans les frais fixes d'un volume global de communications et d'abonnements, et, pourquoi pas, la charge en frais de personnel résultant de la création d'un poste – ou plusieurs – de documentaliste télématique.

L'implantation en profondeur du minitel dans les entreprises doit aller au-delà de l'installation d'un poste sur chaque bureau, et faire l'objet d'une sérieuse étude. L'investissement, encore inexistant pour le matériel, doit se reporter sur les contrats d'abonnements. Les serveurs en concurrence cherchent à se distinguer par les services à valeur ajoutée . . . et facturée. Cette émulation profite en premier lieu à l'entreprise, qui se voit offrir de nouvelles applications des banques de données et autres messageries. On en arrive peu à peu à proposer par la voie télématique une véritable activité de sous-traitance informatique, architecturée autour d'un noyau central (la base de données) autour duquel gravitent des outils annexes: recherches multicritères, mise à jour, éditions, gestion, etc.

Or, passé la curiosité du grand public pour les messageries, jeux et autres serveurs des radios, télévisions, journaux, les professionnels de la télématique sont aujourd'hui à la recherche de nouveaux débouchés. Craignant qu'un changement de la tarification ne se mette prochainement en place, les prestataires de services ont donc mis leur créativité à l'épreuve, pour inventer une gamme de produits basée sur le réseau Télétel, mais à destination des entreprises.

Les 600 000 minitels installés dans les entreprises français peuvent très bien servir de façon moins ponctuelle, et passer d'un usage consultatif à une aide à la décision. Pour un décideur, réserver une voiture, une chambre d'hôtel ou un billet d'avion grâce à son minitel, c'est bien, mais cibler les acheteurs potentiels d'un nouveau produit, c'est mieux. Et baser une partie de sa stratégie commerciale sur des services télématiques complémentaires, c'est idéal.

(INFORMATIQUE & ENTREPRISE • AVRIL/MAI 87)

Extrait 7.3

Le Guide pour Créer son Service Minitel

QUEL CAHIER DES CHARGES?

C'est l'âme du projet: le document de départ pour étudier la faisabilité et la rentabilité du service. Il doit répondre à au moins cinq questions:
1. QUEL SERVICE?
En établissant le «story-board» du service (déroulement du service), vous définirez aussi le type de logiciel que vous devez utiliser: consultation d'informations, communication, ou transaction. Celui-ci découle de celui-là!
2. QUEL PUBLIC?
Pour réaliser votre étude de marché, sachez que la DGT (Direction Générale des Télécommunications) commercialise les listes de possesseurs de Minitels. Précieux outil par conséquent!
3. COMBIEN D'APPELS PAR JOUR?
Arriver à estimer le trafic quotidien est essentiel, car c'est lui qui va déterminer le nombre d'accès simultanés dont doit disposer le centre serveur. 4.36–15 ou 36– . . . ?
4. QUELS PRIX?
Le 36–15 coûte 59, 20 F de l'heure à l'utilisateur et rapporte 37 F/H au centre serveur. En 1988, d'autres niveaux de tarifs (36–15, 36–29 . . .) seront possibles: de 0 à 550 F/H. C'est un élément qui doit ouvrir de nouvelles opportunités. Alors faites vos prix, calculez au plus juste, car toute la rentabilité en découlera!
5. QUELQUES PRECISIONS TECHNIQUES
La fréquence de mise à jour, la disponibilité du service, le volume d'informations à stocker, voilà des éléments importants à déterminer avant de choisir votre matériel. Celui-ci doit découler de votre stratégie marketing et non pas l'inverse.

ACHETER UN CENTRE SERVEUR OU SE FAIRE HEBERGER?

Après avoir consulté le cahier des charges de plusieurs SSII, faisons les comptes: être hébergé sur un centre serveur permet de rentabiliser plus vite le service. Le point mort est en effet plus bas. Par contre, sachez qu'acheter un serveur grand public coûte au bas mot 500 000 F.

LES DEMARCHES DE CREATION DU SERVICE:

1. Demander une ligne à Transpac pour connecter votre serveur. Prévoir 3 à 6 mois de délai pour être installé
2. Déposer un dossier à la DGT. S'attendre à 2 mois de délai pour avoir le code d'accès au service. Attention, il faut un numéro de commission paritaire de presse pour pouvoir ouvrir un service 36–15.
3. Déclarer votre service à la Commission Nationale de la Communication et des Libertés (CNCL). Pas de délai, c'est une simple déclaration.

(*Entreprendre* août, 1987)

8 La distribution

Au royaume de la distribution, l'hypermarché est roi. Avec 189 milliards de francs, il représente maintenant 15,4% du chiffre d'affaires total du commerce. Dans l'alimentaire, il en détient même déjà presque le quart. L'année dernière, ses ventes en France ont encore progressé de 10% contre 2% en moyenne pour l'ensemble du secteur. Il est vrai que la formule s'est transformée au fil des générations. De l'usine à vendre au beau milieu d'un champ de betteraves, on est passé au centre commercial sophistiqué et au «caddie» diversifié. Une longue gestation marquée par la naissance de grands groupes à dominante financière (Carrefour, Auchan, Euromarché), le dépoussiérage de quelques autres (Casino, Docks de France) et la montée en puissance des indépendants affamés de parts de marché (Leclerc, Intermarché).

A l'heure des premiers bilans sur ce quart de siècle de complète révolution dans la grande distribution, on compte six cent quarante-cinq hypermarchés (soit 3,4 millions de mètres carrés de surface de vente). L'année dernière, vingt-neuf magasins ont ouvert contre dix-sept en 1985. Certes, il y a encore de la place, mais le point de saturation est proche. Combien la France peut-elle en abriter en tout? Huit cents, neuf cents? Peu importe. L'expansion continue par simple multiplication des points de vente est toutefois du passé. Il faut trouver autre chose. L'étranger? Sans doute. La diversification? Assurément. Les stratégies de développement des grands groupes de la distribution préfigurent ce que sera ce commerce à la fin du siècle. Il n'existe d'ailleurs pas de ligne unique mais des stratégies tous azimuts.

Premier enseignement: le temps des supercentrales est révolu. Elles se sont sabordées d'elles-mêmes. Le foin manquait au râtelier. En 1984, les grands pur-sang de la distribution, toutes catégories confondues, s'étaient regroupés en trois super-structures (SERFAAL, ARCI, DIFRA) pour obtenir des industriels les faveurs extorquées par Leclerc et Intermarché.

Deuxième solution pour les hypers: l'absorption, voie royale de la croissance. Dès qu'un petit montre des signes de faiblesse, on le guette, et si possible . . . on le mange.

Mais le paysage est en partie figé. Tant que la loi Royer fait de la commission départementale de l'urbanisme commercial (CDUC) le lieu de passage obligé des permis de construire des grandes surfaces, l'implantation d'une nouvelle unité reste une œuvre de patience et de longue haleine.

Il est vrai qu'en freinant la concurrence sauvage, la loi Royer a certes ralenti quelque peu la progression des hypers, mais elle a procuré à quelques-uns des rentes de situation tout à fait confortables. Elle donne, en tout cas, toutes leurs chances aux super-marchés de moins de 1000 mètres carrés et aux «bébés-requins» façon Ed (petite surface, gamme limitée d'articles, rotation très rapide du stock).

Reste la vieille tentation du commerçant: celle de devenir fabricant, industriel, ce qui permet d'entasser l'une sur l'autre la marge du transformateur et celle du distributeur. Certains le font depuis toujours, comme Casino. D'autres ont choisi de faire fabriquer des produits à leur marque, avec un cahier des charges serré (Carrefour, Euromarché). D'autres enfin s'y mettent, prudemment. Comme Leclerc, qui a comme objectif d'approvisionner ses centres à hauteur de 20% dans certains produits, comme la salaisonnerie ou la biscuiterie–chocolaterie.

Diversification

Mais l'alimentation n'est pas tout. Il faut s'intéresser de plus en plus au «non-al», comme on dit. Le vêtement, on l'a compris. On ne vend plus seulement des housses informes de fauchés, mais du vrai vêtement, bien coupé. L'audiovisuel, c'est fait, et le Mundial a fait décoller les ventes de télévisions et de magnétoscopes (+ 21% en radio–télévision en 1986). Il est vrai que les habitudes de consommation changent. La part de l'alimentation dans le budget des ménages va continuer à se réduire (de 30% en 1963 à 20% en 1990) au profit de la santé, de la beauté et des loisirs, dont les produits sont commercialisables en magasin.

Du coup, c'est une autre voie de la croissance qui s'impose: la diversification, maître mot de l'industrie, devient aussi un credo pour le commerce.

Dans certains secteurs, c'est déjà fait: le bricolage, le jardinage et la voiture, tout comme la restauration rapide. Casino est ainsi devenu le premier restaurateur de France (par le nombre des repas) avec ses cafétérias et les chaînes Quick, Hippopotamus et maintenant O'Kitch. Mais le succès n'est pas garanti. Promodès en a fait l'amère expérience, lui qui a cédé ses dix-sept cafétérias à Rallye. On peut aussi rêver de transformer les centres commerciaux en centres de vie et de loisirs. Paridoc s'essaie à cet exercice dans ses Mammouth de Bordeaux, Lyon et Nancy. Selon les hypers, on peut trouver pêle-mêle un lieu de prière œcuménique, une bibliothèque de lecture, des salles de micro-informatique, une foire permanente sur le parking, un centre de soins (mais cela suppose un accord avec le ministère de la santé).

Pour ne pas être en reste, Carrefour, à Bordeaux, invente un «espace associatif . . .» On peut aussi investir des secteurs nouveaux, jouer au banquier, à l'assureur ou à l'agent de voyages . . . De multiples expériences ont été faites sur ce terrain d'aventures mais les résultats sont peu concluants.

Nouveaux terrains de chasse

On peut encore essayer de faire sauter les verrous qui protègent certains produits de la convoitise des «discounters»: la parfumerie et les produits de beauté haut de gamme, drapés dans l'armure chatoyante de la distribution sélective, les médicaments grand public, abrités encore derrière la croix verte et le monopole des pharmaciens, le livre au prix quasi fixé par la loi Lang.

Les préservatifs, nouveau «marché» porté par le SIDA, l'automédication (avec ses risques) vont aider les distributeurs à prendre pied ailleurs. Les pharmaciens pourraient bien être trahis par certains confrères industriels, soucieux d'améliorer leur chiffre d'affaires. La tâche sera plus difficile dans la parfumerie, les produits d'hygiène et de beauté: si des lignes haut de gamme se retrouvent sur les rayons des hypers, les fabricants seront contraints d'en inventer d'autres pour une distribution plus élitiste.

Le shopping à distance

Le grand risque est l'alourdissement des structures, difficilement compatible avec le vrai discount. Restent alors les «sciences du futur», le shopping à domicile par minitel, le supermarché chez vous grâce à l'image animée sur l'écran du téléviseur, via des heures d'émission sur câble . . Tout le monde y pense, peu ou prou.

Livrer vite, c'est le gros écueil du développement de la vente à distance. Il faudra pourtant bien s'y mettre, si cela doit représenter 20% du «business» de la distribution en 1995.

(Adapté de Josée Doyère, 1987)

Références bibliographiques

Sources

J. Doyère, «Un caddie nommé désir» dans *Le Monde des Affaires*, 21 février, 1987, pp. 4–6.

«Le premier hypermarché est né dans un boîte à chassures» dans *Sud Affaires*, No. 20, 15 novembre 1984, p. 8.

M. Hamel, «La rentabilité controversée des cartes privatives» dans *Business Entreprise*, No. 12, septembre–octobre 1988, p. 46.

A. Gabb, «The art of necessity» dans *Management Today*, mai 1988, p. 80.

Pour en savoir plus

M. Dupuis, *Distribution, la nouvelle donne* (Paris: Editions d'Organisation, 1986).

J-C. Tarondeau, *L'acte d'achat et la politique d'approvisionnement* (Paris: Editions d'Organisation, 1979).

J. Vigny, *Petits commerces et grandes surfaces* (Grenoble, Presses Universitaires de Grenoble, 1978).

Exercices

1 Répondez

a Quelle est l'importance économique des hypermarchés en France?

b Expliquez l'image de «l'usine à vendre au beau milieu d'un champ de betteraves» (l. 8), et celle du 'caddie diversifié' (ll. 9–10).

c Qu'est-ce que les grands groupes de la distribution devront envisager s'ils veulent assurer l'expansion de leurs hypermarchés?

d A-t-on d'ores et déjà une idée de ce que deviendront ces circuits de distribution à la fin du vingtième siècle?

e Qu'est-ce que Josée Doyère entend par l'expression «le foin manquait au râtelier» (l. 32–3)?

f Dans quel but certains grands de la distribution se sont-ils regroupés?

g A part le regroupement, quelle autre stratégie leur était ouverte?

h A part les questions du financement, est-ce que l'implantation d'une nouvelle grande surface se heurte à de sérieux obstacles?

i A ce propos, quel est le rôle de la CDUC?

j Quels ont été les effets de la loi Royer?

k En matière d'auto-approvisionnement, quelles sont les politiques des sociétés Casino, Carrefour, Euromarché et Leclerc?

l Que dit l'auteur de l'article sur la diversification dans les domaines du vêtement et de l'audiovisuel?

m Quelle évolution dans le budget familial est à prévoir avant 1990?

n Quelle influence cette modification aura-t-elle sur le commerce?

o Esquissez les caractéristiques de la «restauration rapide» (l. 82).

p Est-ce que c'est une formule dont la réussite est assurée?

q «. . . rêver de transformer les centres commerciaux en centres de vie et de loisirs» (ll. 88–9). Est-ce seulement un rêve?

r L'article fait allusion à des tentatives d'expansion dans certaines branches du secteur tertiaire. Ont-elles réussi?

s Comment les prix de certains produits (la parfumerie, les médicaments, le livre) sont-ils protégés actuellement?

t Quels dangers ces produits actuellement privilégiés vont-ils très probablement courir?

e Selon l'auteur, quel est 'le grand risque' (l. 120) pour les hypers?

v Quels sont les défis que les grandes sociétés de distribution devront relever?

2 Exploration du lexique

a *Autrement dit . . .*
Expliquez chacune des expressions suivantes tirées du texte, ou trouvez-lui un équivalent qui pourrait être utilisé à sa place sans changer le sens:

à dominante financière (l. 11); le dépoussiérage (l. 12); affamés de parts de marché (l. 14); stratégies tous azimuts (ll. 29–30); le temps des supercentrales est révolu (l. 31–2); se sont sabordées d'elles-mêmes (l. 32); la concurrence sauvage (l. 47); rentes de situation (l. 49); 'bébes-requins' (l. 52); un cahier des charges serré (l. 60); salaisonnerie (l. 63); le vêtement, on l'a compris (l. 67–8); des housses informes de fauchés (ll. 68–9); le bricolage (l. 81); pour ne pas être en reste (1. 96); haut de gamme (ll. 105–106); peu ou prou (l. 125).

b *Soyons clair . . .*
Donnez en une ou deux phrases votre définition des mots «supermarché» et «hypermarché», faisant clairement la distinction entre ces deux formes de grande surface. Existe-t-il d'autres formes de grande surface?

c *A noter, à différencier . . .*
A l'heure des premiers bilans (l. 16), le bilan, le bilan annuel, faire le bilan, établir un bilan, un bilan positif/négatif, bilan nul, le bilan tragique des accidents du travail/de la route.

3 Version orale

Traduisez oralement en anglais:

Le premier hypermarché français est né dans une boîte à chaussures
Les échanges de produits ou d'outils sont la base de tout commerce. Sans la circulation des marchandises les plus diverses entre les fournisseurs et les consommateurs, il n'y a pas de négoce. C'est la définition classique de la distribution, la plus naturelle, celle qui régit encore le commerce traditionnel. Mais le marché est à l'image de la société, lui aussi a évolué ces trente dernières années, il s'est développé sous de multiples aspects. A côté des grossistes et des demi-grossistes, on trouve les grandes surfaces qui ont impulsé une sorte d'universalité rapide aux échanges.

Les données sont telles que, pour satisfaire à la demande, certaines opérations se font directement par téléphone: d'amont en aval les «intermédiaires» ne voient même pas les marchandises acheminées, étape par étape, du point d'expédition au point de destination.

Du coup, c'est tout l'art de la distribution qui a changé. Tout s'articule aujourd'hui autour d'un maître-mot: les circuits. Chacun comprend que, selon la distance, le circuit peut être long, parce que le lieu de production est géographiquement éloigné des lieux de consommation. A ceux qui se défient de la rationalité, disons que la distribution moderne ne s'est pas faite du jour au lendemain. Elle est le résultat d'une patiente recherche pour une bonne méthode de fonctionnement appliquée à l'essor commercial: organiser la production, alléger les stocks, faciliter l'entretien, offrir à la clientèle une gamme très large d'articles, régler les éventuels contentieux, aider les services après-vente, etc.

Un voyage aux «States» . . .

C'est à ce niveau de réflexion que l'on mesure le rôle joué par les grandes surfaces. Tout a commencé, il y a un quart de siècle, lorsqu'un Français est allé aux Etats-Unis. Sur son passeport, un nom: Marcel Fournier. Dans sa tête, une idée: s'inspirer de l'exemple américain pour créer, dès son retour, une entreprise commerciale de type «grande surface de vente». Ce qu'il a vu aux USA d'abord, puis au Canada où il s'est rendu par la même occasion, c'étaient des stations-service distribuant de l'essence, bien sûr, mais dotées aussi d'une buvette, d'une épicerie et d'une boutique où les automobilistes pouvaient effectuer leurs achats après avoir fait le plein de carburant.

En observant les choses de près, Marcel Fournier s'est aperçu que les mouvements des gens, au lieu d'être désordonnés, étaient au contraire coordonnés suivant une logique: ils étaient canalisés par un circuit, sorte d'itinéraire avec une entrée et une sortie, mais au bout de leur visite, presque comme dans un musée, ils étaient passés par tous les stands.

De retour en France, cet homme ingénieux a pris une boîte à chaussures vide figurant le magasin, et il a conçu le premier projet Carrefour (celui de Ste-Geneviève-des-Bois en région parisienne), avec une entrée (alimentation) et une sortie (parking). Voilà comment est né dans notre pays le premier supermarché.

«Toutes les grandes surfaces qui ont été créées par la suite», dit M. Jean-Patrice Vivié, directeur d'Euromarché de Bonneveine, «ont respecté le Plan Fournier. Nous nous ressemblons tous, parce que l'esquisse initiale colle parfaitement à la réalité. Car, voyez-vous, l'implantation d'une grande surface, quelle que soit sa taille, procède d'abord de l'étude des mouvements naturels des gens.»

C'est donc Carrefour qui a introduit l'hypermarché en France. Mais une grande surface en tant que telle ne suffisait pas. Pour remplacer le volume des marchandises vendues, il fallait disposer à proximité d'une réserve. D'où la création des entrepôts sans cesse ravitaillés par des camions sillonnant les routes en permanence. C'est pourquoi, depuis les origines, l'entreprise, au cours de son expansion – nationale ou internationale – est demeurée fidèle à cette formule: une vaste surface de vente où l'on trouve, presque à parité, l'assortissement alimentaire et non-alimentaire (du textile à la droguerie, en passant par l'électro-ménager, le jardinage et même l'équipement auto).

(*Sud Affairs*, 1984)

4 Exposé

a Préparez et présentez un bref exposé (de 3 à 5 minutes) sur l'application des «sciences du futur» (l. 122) à la grande distribution.

b Après avoir entrepris les recherches nécessaires, faites un exposé de 3 à 5 minutes pour dresser le portrait sommaire d'une grande surface française ou britannique que vous connaissez.

5 A vous de jouer . . .

Beaucoup d'entreprises utilisent la «boîte à suggestions» ou «boîte à idées» pour encourager le réflexion et susciter les suggestions de la part du personnel, dans le but d'améliorer le service offert au client et de favoriser une bonne ambiance de travail.

Répartissez-vous en groupes de 3 à 6. Chaque groupe est censé travailler dans un même supermarché, et chaque participant fournira une ou plusieurs suggestions ou observations sur le fonctionnement de l'entreprise. Tous les bulletins seront réunis dans un panier (la «boîte à idées»).

A tour de rôle vous en sortirez un bulletin, vous le lirez à haute voix, puis, jouant pour l'occasion le rôle du directeur-adjoint, vous répondrez aux suggestions ou réflexions avant d'animer une discussion visant à formuler une recommandation à transmettre au directeur.

6 Essai

a La restauration et la station-service sont-elles vraiment essentielles, à votre avis, à la réussite de la formule de l'hypermarché?

b Les effets du phénomène de la grande surface sur le tissu social.

c Etudiez le cas du groupe Casino, et rédigez un rapport qui fera ressortir les caractéristiques qui le distinguent clairement des autres super-grands de la distribution, tels que Leclerc, Carrefour, Euromarché ou Auchan.

7 Discussion

Dans votre groupe ou mini-groupe, discutez de l'avenir de la grande surface. Vous devez chercher à «vendre» vos idées aux autres membres du groupe. Avant de clore la discussion, tâchez de dresser la liste des options qui seront à envisager dans ce secteur important de la distribution.

Tableau 8.1
Les poids lourds de la distribution

Groupes	*CA total 1986 en milliards de F (et progression sur l'année précédente)*	*Principaux magasins en France*	*Principales implantations à l'étranger*
LECLERC	60 (+ 13,2 %)	103 hypermarchés 344 supermarchés	
CARREFOUR	57,9 (+ 17 %)	69 hypermarchés	38 hypermarchés (21 Espagne, 12 Brésil, 3 Argentine, 2 Suisse)
CASINO	39,5 (+ 7,3 %)	26 hypermarchés Casino et 16 Mammouth (3) 187 supermarchés (Casino, Suma, Ravi)	92 magasins de gros aux Etats-Unis
AUCHAN	38,8 (1)	39 hypermarchés	11 hypermarchés en Espagne
PROMODÈS	32 (+ 6,6 %)	28 hypermarchés Continent 135 supermarchés Champion	11 hypermarchés en Espagne 6 en Allemagne 1 au Portugal 93 supermarchés aux E.-U.
DOCKS DE FRANCE	24,2 (+ 22,8 %)	47 Mammouth 178 Suma	1 hypermarché (Espagne) 26 supermarchés (Espagne, E.-U.)
SYSTÈME U-UNICO	22 (+ 10 %)	6 hypermarchés Avenue 709 supermarchés Unico 693 superettes	
EUROMARCHÉ	19.3 (+ 8,2 %)	70 hypermarchés	2 hyper, en Arabie saoudite 1 aux Etats-Unis
CODEC-UNA	16 (1)	8 hypermarchés Lion 126 supermarchés Lion 1033 magasins Codec	
COMPTOIRS MODERNES	12 (+ 8,6 %)	11 hypermarchés Carrefour (4) 185 supermarchés Stoc 950 magasins Comod	
RALLYE	10 (1)	24 hypermarchés Rallye 75 supermarchés Rallye	Magasins de sport Athlete Foot aux Etats-Unis, au Japon et en Australie
CORA	ND (2)	48 hypermarchés Cora Environ 80 supermarchés Gro 600 superettes et magasins Corso	8 hypermarchés en Belgique

NOTES: (1) Estimations (chiffres non consolidés; (2) non diffusé: l'activité hypermarchés seule dégage un chiffre d'affaires d'environ 24 milliards de francs; (3) achetés en 1985 au groupe CEDIS; (4) en association.

(*Le Monde des Affaires*, 21 février 1987)

(Attention! Si vous avez l'intention de faire l'exercice 8 ci-dessous par la suite, n'oubliez pas de prendre bonne note des grandes lignes de la discussion.)

8 Résumé

Faites le compte rendu sommaire de la discussion à laquelle vous avez participé dans l'exercice 7 ci-dessus.

9 Exposé en équipe

Le Tableau 8.1 fait le point statistique des principaux groupements de la distribution, les «poids lourds», au début de l'année 1987.

Travaillant par équipes de deux ou trois, utilisez ce tableau – avec, bien entendu, le complément essentiel de vos recherches personnelles à la bibliothèque et dans la presse économique – pour préparer et puis présenter en équipe un exposé (moyens techniques à l'appui) sur l'un des thèmes suivants:

a Les politiques commerciales des groupements de grandes surfaces en France en 1986.
b 'Il faut trouver autre chose. L'étranger? Sans doute.' (ll. 18–19 de l'article de Josée Doyère). Dans quelle mesure les grands de la distribution se tournent-ils déjà vers l'étranger?
c L'évolution de la grande distribution française depuis 1986:

(i) en France,
(ii) à l'étranger.

10 Rapport

Vous êtes stagiaire dans le service des relations extérieures au siège d'un des grands de l'agro-alimentaire en France. Après avoid étudié l'article et l'extrait suivants, enquêtez pour identifier d'autres cas où les groupes de grandes surfaces se révèlent soucieux de leur «communication» et de leur rôle social. Rédigez un rapport à l'intention de votre chef de service.

Casino: une nouvelle race d'épiciers mécènes
Depuis qu'en 1898 Geoffroy Guichard installa son commerce dans les locaux du casino, que la mairie de Saint-Etienne venait de fermer, les liens entre le grand distributeur stéphanois et sa ville n'ont cessé de se renforcer. De se modifier aussi. L'«épicier» – sur grande échelle – se fait maintenant mécène, et le voilà subventionnant le musée d'art moderne local. Un exemple intéressant de l'évolution de la politique de communication dans le secteur de la distribution. Déjà, avant-guerre, le fondateur de la dynastie, bourgeois catholique

discret et presque honteux de sa fortune (vers la fin de sa vie), avait gâté sa bonne ville. Il avait donné à Saint-Etienne le stade qui porte aujourd'hui son nom, le fameux «chaudron». Dans un premier temps, il servait au sport corporatif de Casino. Devenue l'AS-Saint-Etienne, l'équipe continua à recevoir l'obole du succursaliste. Sans que ce dernier en fasse vraiment état. De nos jours, le sponsorat est moins discret. Le distributeur offre son enseigne aux maillots des Verts (depuis la saison 1986) et 10 millions de francs par an pour aider l'équipe à revenir en première division. Si le pari est réussi, Casino profitera au niveau national des retombées de son parrainage.

A chaque époque, sa forme de mécénat: Geoffroy Guichard veillait au bien-être de ses employés, et cet ami des familles (il eut huit enfants . . .) laissa une fondation qui, aujourd'hui encore, distribue des bourses d'études aux descendances nombreuses des salariés de la maison.

Mais Casino, avec ces 40 000 personnes et un chiffre d'affaires total de 39,5 milliards de francs en 1986, est devenu un groupe puissant et diversifié. Il est aussi présent dans la production agro-alimentaire (12% de son activité), la restauration (6% avec Hippopotamus, les cafétérias O'Kitch et Quick), et même le commerce américain (6% du total). Un tel ensemble ne peut plus se satisfaire du sponsorat de manifestations sportives régionales ou de simples coups promotionnels, comme le font les chaînes d'hypermarchés. Aussi l'an dernier des dirigeants de l'autre «vieille dame de Saint-Etienne» (la première étant Manufrance) ont-ils décidé de se lancer dans l'art moderne. Le courant est bien passé entre Bernard Ceysson, directeur du Musée d'art contemporain de la ville (et de celui de Beaubourg, à Paris), et les associés-gérants de Casino. Ces derniers lui allouent 3 millions de francs par an pendant quatre ans – au moins – pour acheter des tableaux. Habile gestionnaire, depuis 1967, du Musée d'art et d'industrie de la ville, Bernard Ceysson leur a même demandé de verser l'argent en début d'année pour le faire fructifier et s'offrir une œuvre supplémentaire avec les intérêts! Pour les dirigeants de Casino, qui dépensent chaque année 150 millions de francs au total pour leur communication, au sens large, ce genre d'arrangement n'a pas posé de problème. Mais ils sont bien décidés à se concentrer sur cet investissement culturel, afin de tirer le maximum de la réussite du Musée d'art contemporain, qui ouvrira ses portes en décembre prochain avec une exposition sur l'art en Europe de 1945 à 1956. Ce vent de mécénat souffle même au niveau du «terrain». L'hypermarché Casino de Gassin, près de Saint-Tropez, organise des expositions (dont une belle évocation de Giono à l'automne dernier) et prend en charge l'animation culturelle locale. A tel point qu'un élu du village considère désormais cet hyper comme «l'une des premières institutions culturelles locales». On est loin de l'épicerie en gros . . .

(*Le Monde des Affaires*, 1987)

Les «Centres de vie» de Mammouth
Mammouth semble plutôt avoir délibérément choisi de fidéliser sa clientèle par la qualité de l'accueil et le développement des «centres de vie», ces hypermarchés où l'on peut, à la fois, flâner, se distraire, se cultiver, voire se recueillir dans des «lieux de prière». Vingt d'entre eux auront vu le jour avant 1990.

Par cette initiative, Mammouth entend répondre à un besoin des consommateurs. En effet, une ménagère passe deux fois plus de temps que nécessaire dans un hypermarché, preuve qu'elle en attend autre chose . . .
(Extrait de *Business Entreprise*, 1988)

11 Thème

Traduisez en français:

True sponsorship involves the promotion of a company's name, products or services by means of association with arts events. By targeting its audience carefully, a sponsor can reach a very tightly-defined customer group, at the same time enhancing the image it presents. Insurance companies, the banks and a whole range of other City firms, plus the big oil companies in particular, have long-established policies for sponsorship and, in keeping with their capacity to make money, are prepared to spend considerable sums. Some choose a narrow focus, sponsoring perhaps five events or organisations in a specific field or geographic area; others have developed full programmes to assist hundreds of outfits of varying size and art form.

The US computer firm Digital Equipment Company (a relative newcomer to sponsorship, but a fast learner) is targeting a specific business group. At the same time it wants to be recognised as an integral part of UK life. To raise its profile in this country, Digital chose to sponsor Sadler's Wells two years ago, precisely because it was about to fold and thus afforded plenty of visibility. To date, it has committed over £1 million, and has chosen to support both classical and contemporary dance, something at which sponsors in general do not excel. IBM is another company which contributes to both traditional and modern art forms: as a business with a strong contemporary image, it feels at home with contemporary arts, too.
(Annabella Gabb, 1988).

9 Les relations humaines

De même que le marketing tire sa force de l'étude du marché et des motivations d'achat, de même la politique sociale de l'entreprise repose sur l'étude des attentes et insatisfactions de cet autre client qu'est le personnel. Dans
5 la pratique, on observe que cette étude se traduit généralement par trois approches nettement distinctes: les études de fond, les indicateurs sociaux et les observations tactiques.

Des études de fond, menées par des spécialistes suivant
10 des méthodologies elaborées, sont utiles au début, puis de loin en loin, pour structurer objectivement les problèmes. Ceux-ci varient beaucoup d'une entreprise à l'autre, mais les études les plus objectives font apparaître quelques traits dominants.

15 Les insatisfactions des ouvriers semblent principalement:

— travail fatigant, physiquement ou nerveusement,

— horaires incommodes, durée «travail plus transport» excessive,

20 — pour une majorité, travail monotone, sans initiative et sans perspective de progrès,
— insécurité d'emploi et salaire insuffisant (éventail),
— dépendance à l'égard d'une organisation anonyme qui ne répond pas, ou ne tient pas compte des facteurs
25 personnels.

Les satisfactions dans le travail peuvent cependant être vives:

— d'abord la satisfaction apportée par le travail lui-même, lorsqu'il y a «tout ce qu'il faut» pour son accomplissement,
30 — ensuite la satisfaction d'«être dans le coup», bien informé de ce qui se fait, avec, éventuellement, son mot à dire,
— sans oublier les satisfactions tirées du milieu humain de l'entreprise: contacts, relations, amitiés, solidarité, entraide
35 personnelle.

Ceci correspond bien aux motivations profondes des hommes au travail, établies par les études psychologiques, où l'on trouve, au premier plan, le besoin de considération et d'estime, les besoins d'information, d'initiative et d'utilité.

40 **Les indicateurs sociaux**, suivis de façon continue sur un «Tableau de bord social». Nous en donnerons des exemples.
Les observations tactiques, recueillies sur le tas par l'encadrement pour éclairer son action quotidienne, tendent à
45 prendre dans la pratique une importance dominante. Tels sont, par exemple, les contact quotidiens au sein d'une petite équipe de travail et les «réunions mensuelles d'échange» où chaque chef de service apporte à ses subordonnés des informations et recueille attentivement leurs
50 réclamations et critiques. De tels processus apportent au moins trois éléments inaccessibles aux études formalisées:

— l'observation est recueillie, en temps réel, sur place avec un minimum de délai,
— elle est émise directement par les personnes concernées,
55 ce qui permet de recueillir un contenu personnalisé et

détaillé, avec plus de pouvoir séparateur qu'aucun système médiatisé,
– enfin elle touche immédiatement l'encadrement responsable, avec la participation du petit groupe qui jouera
60 dans l'action correctrice un rôle aussi important que dans la saisie de l'information.

En somme, c'est lorsque tout l'encadrement est, dans son action quotidienne, à l'écoute des attitudes du personnel, que peut être réalisée une bonne communication et une
65 bonne acceptation mutuelle.

Toutefois, il n'existe pas d'harmonie préétablie entre les exigences du travail et les besoins ressentis par les personnes. De sorte que presque en chaque point du tissu que constitue la journée de travail peuvent apparaître
70 des circonstances que la personne concernée jugera «anormales». Ajoutons que l'élévation du niveau de vie, du niveau culturel et du niveau d'attentes de chacun fait considérer comme «anormales» aujourd'hui des situations qui paraissaient hier normales. Notons aussi qu'en pra-
75 tique un grand nombre de griefs proviennent de causes techniques (machine en panne, carreau cassé, manque d'outillage, normes techniques inadaptées, mauvaise coordination, défauts de qualité, etc.) tout autant que de questions d'horaires, de commodités, de conflits person-
80 nels, de promotion ou de formation, etc. L'entreprise doit donc compter avec l'emergence continuelle de situations jugées anormales. Mais comment évolueront-elles?

Les tensions sociales ont des causes multiples dont certaines dépassent largement le cadre de l'entreprise et les
85 moyens d'action de sa direction.

Certains problèmes sociaux partent de griefs courants qui n'ont pas été traités avec suffisamment d'attention par l'encadrement et la direction. Ces situations, mal tolérées, entrent d'abord dans une zone de naissance et de latence
90 des problèmes qui présente deux caractéristiques essentielles:

– la personne concernée ne perçoit d'abord pas clairement son grief, qui reste un certain temps inconscient. Même à ce stade, il a des conséquences objectives: le freinage
95 inconscient, ou une moindre coopération;

– à ce stade, les griefs sont souvent si ténus, ou si particularisés (par rapport à la personne, au poste de travail, etc.), qu'il est pratiquement impossible de les percevoir d'un point central (c'est-à-dire du bureau du
100 directeur général ou de celui du directeur du personnel).

N'étant pas connaissables d'en haut, ces griefs n'en continuent pas moins leur chemin.

Arrive le stade du grief conscient, puis celui du grief exprimé au responsable:

105 – Si l'encadrement sur place (maîtrise ou cadre moyen) se saisit alors du grief pour lui apporter une réponse rapide (solution ou explication attentive), il y a évacuation des griefs résolus et diminution correspondante des tensions latentes.
110 – Si, par contre, l'encadrement sur place ne peut pas ou ne veut pas agir, le grief exprimé et non résolu suivra une évolution, individuelle ou collective, qui engendrera des manifestations clairement visibles.

Le stade suivant est la perte d'espoir sur la résolution du
115 grief par l'encadrement ou par la direction.

La genèse des problèmes sociaux se poursuit alors dans l'une de deux voies: l'expression individuelle ou l'expression syndicalisée des griefs.

Voie d'expression individuelle des griefs

120 La première expression, encore peu visible de loin, sera le refus ouvert de coopération, dans les relations de travail avec les chefs ou les collègues.

Puis les conséquences du grief non résolu entrent dans la période des manifestations visibles et chiffrables, ou stade
125 d'expression négative formalisée sous forme:

– d'absentéisme,
– de demandes de mutation,
– de retards
– de baisse de rendement,
130 – de recherche d'issue dans la promotion (demandes de

congé-formation, etc.),
— et, finalement, de départ.

Toutes ces manifestations sont chiffrables, elles se répercutent sur le «Tableau de bord social» et sont donc
135 identifiables par la direction centrale: mais elles expriment des symptômes plutôt que des causes. Continuant à ignorer les causes, qui sont de multiples griefs mal traités, la direction s'efforce de soigner les symptômes . . . et n'y réussit guère.

140 **Voie d'expression syndicalisée des griefs**

Le point de départ est, ici encore, la perte d'espoir sur la résolution du grief par l'encadrement. S'y ajoute la démarche de «promotion des griefs» qui est dans le rôle normal des délégués du personnel et des délégués syndi-
145 caux, précisément pour offrir une voie de recours lorsque l'encadrement n'agit pas. L'intéressé en vient donc à saisir les délégués de sa doléance. (Il le fait même directement si l'expérience lui a montré que la voie hiérarchique ne donnait rien.)

150 Pour remplir son rôle le mieux possible, le délégué s'efforcera parfois d'élargir le problème, ou de sélectionner ceux pouvant acquérir un caractère collectif (s'appliquant au moins à quelques personnes). Dans un but d'efficacité pratique, le délégué cherchera, éventuellement, à profiter
155 de l'inaction de l'encadrement pour transformer un grief primaire en procès d'intention dirigé contre la direction, puis contre «le système»: ce qui peut contribuer à diminuer le crédit de la direction aux yeux du personnel.

On arrive alors aux manifestations syndicalisées visibles
160 et chiffrables, à la zone d'expression négative formalisée sous forme:

— de cahiers de revendications collectives,
— d'arrêts de travail, tracts, réunions,
— de négociations aux rebondissements variés,
165 — de grèves à objectif limité,
— de grèves à objectif de remise en cause.

Ces diverses actions sont traitées avec la plus grande attention par la direction générale et la direction du personnel, mais elles constituent des symptômes plutôt que des
170 causes. N'ayant pas su traiter les griefs, l'entreprise, ici encore, va soigner les symptômes, avec des résultats bien décevants.
(Adapté de Octave Gélinier, 1976)

Glossaire
indicateurs sociaux (l.7) – social indicators, pointers, feedback
tableau de bord social (l. 41) – feedback system, display, information panel

Références bibliographiques

Sources

O. Gelinier, *Stratégie sociale de l'entreprise* (Paris: Editions Hommes et Techniques, 1976) pp. 65–73.
«Le délégué du personnel» dans *PME-PMI Magazine*, No. 13, janvier–mars 1987, pp. 106–7.

Pour en savoir plus

Animez un cercle de qualité (Paris: Chotard, 1987).
J. Bergeron et P. Turcotte, *Les cercles de qualité* (Paris: Chotard, 1984).
E. Duprey, T. Devers, I. Raynand, *La communication interne* (Paris: Editions d'Organisation, 1988).
J. P. Leknisch, *La communication dans l'entreprise* (Paris: PUF Que sais-je? 1985).
P. Schwebig, *Les communications de l'entreprise* (Paris: McGraw-Hill, 1988).

Exercices

1 Répondez

a Dans quelle mesure peut-on établir un parallélisme entre le marketing et la pratique sociale de l'entreprise?

b Faut-il procéder à des «études de fond» régulièrement? (l. 9).

c Quels sont les principaux griefs exprimés sur:

(i) la nature du travail à accomplir?
(ii) la situation financière de l'individu?
(iii) les relations employé–employeur?

d Quelles sont les satisfactions liées au besoin ressenti par le salarié d'être reconnu en tant qu'individu?

e Expliquez l'image du «tableau de bord social» (l. 41). Comment fonctionnerait-il, selon vous?

f Qu'est-ce que Octave Gélinier entend par «observations tactiques» (l. 43), et comment sont-elles recueillies?

g Comment expliquer «l'importance dominante» (l. 45) de ces observations tactiques?

h Quels seraient donc les éléments essentiels d'«une bonne communication» (ll. 64)?

i Qu'entend-on par«l'élévation du niveau culturel» (ll. 71–2)?

j Doit-on s'attendre à «l'émergence continuelle de situations jugées anormales» (ll. 81–2) même dans les entreprises où la direction jouit de la confiance totale du personnel? Pourquoi?

k Donnez quelques exemples de tensions sociales qui «dépassent largement le cadre de l'entreprise» (l. 84).

l Qu'est-ce que vous entendez par la notion de «latence» (l. 89) d'un problème?

m Expliquez le sens du mot «particularisés» (l. 97).

n Quel effet une réponse rapide aura-t-elle sur le climate social?

o Dans le cas où le responsable «ne peut pas ou ne veut pas agir» (l. 110–11), à quelle réaction pourrait-on s'attendre de la part du plaignant?

p Expliquez le sens de chacune des six «manifestations visibles» (l. 113).

q Pourquoi la lecture des divers chiffres inscrits sur le «tableau de bord social» n'est-elle que d'une utilité limitée?

r Quels sont les moteurs d'une «expression syndicalisée» (ll. 117–18) d'une doléance?

s Pourquoi et comment le délégué s'efforcerait-il de «transformer un grief primaire en procès d'intention» (ll. 155-6)?

t Expliquez les cinq formes de «manifestations syndicalisées» (l. 159).

2 Exploration du lexique

a Après avoir vérifié le sens précis des mots et expressions suivants, proposez pour chacun un équivalent – ou, le cas échéant, des équivalents – en anglais.

la politique sociale (ll. 2–3)
la rentrée sociale
les conflits sociaux
les partenaires sociaux
la paix sociale
les affaires sociales
les indicateurs sociaux,
le siège social
la raison sociale
les avantages sociaux
le social
faire du social
les sciences sociales
la politique/législation/conscience/promotion sociale
les conventions/mesures sociales
l'assistance sociale
les travailleurs sociaux
le cas social
la Sécurité Sociale
les assurances sociales
le traitement social du chômage

b Après avoir vérifié le sens précis de chacune des expressions suivantes, écrivez dix phrases dont chacune contient au moins une de ces expressions.

on ne tient pas compte de, doit compter avec, tenir les comptes de, dresser un compte, arrêter/clore/liquider un compte, alimenter/approvisionner un compte courant, entrer en ligne de compte, rendre des comptes à, demander des comptes, avoir son compte, régler son compte à, régler ses comptes avec, un règlement de comptes, s'en tirer à bon compte, le compte n'y est pas, être loin du compte, le compte est bon, se mettre/s'installer à son compte, travailler pour son propre compte, pour le compte d'autrui, rendre compte de quelque chose à, le compte rendu, se rendre compte de/que, compte tenu de, au bout du compte, en fin de compte, tout compte fait, laisser pour compte.

c Notez en passant ces quelques «faux amis».

éventuellement (l. 31), réclamations (1. 50), grief (l. 75), mutation (l. 127), issue (l. 130), décevant (l. 172).

d Et, dans le cadre de cette étude lexicale, faites la distinction entre «cadre supérieur» et «cadre moyen», et entre «l'encadrement» et «la direction».

Thème

Traduisez en français la lettre suivante:

Dear Jean-Claude,

After last week's technical meeting here in Maidstone I was particularly pleased to have the chance of talking to you – albeit only briefly – about personnel matters. From what you told me then and from what I saw for myself when I came over to Lille last week it is clear that as a company you are very keen on internal communications, and I am sure we can learn a lot from you. Indeed, as we shall be working more and more closely together over the next few years on the Tunnel project, exchanging engineers and technicians and deploying joint teams on the sites, it is clearly going to be vital for each company to understand the other's practices.

I was wondering if we could take things a stage further by looking at your approach to staff welfare, quality circles and labour relations when I see you in Lille next month. You did mention that you might be able to let me have a document or two on shop-floor representation in medium-sized firms in France, and if you do find anything suitable (by which I mean basic!) and could send it to me fairly soon I should be grateful, as it would certainly help me do my homework for the next meeting and perhaps save some time in what will probably be another very crowded schedule.

I am planning to bring a videorecording of the quality control group meeting which you attended (a VHS copy, which I can leave with you to go through at your leisure) together with the minutes of the discussion on quality circles held later in the week. I should be glad to hear your reactions to both in due course.

Looking forward to seeing you next month.

Yours sincerely,

Jim

James T Enderby
Personnel Director

Sté Granicor
(A l'intention de M. J-C Perrault
Directeur du Personnel)
120 ave des Flandres
59150 Villeneuve la Forêt
France

4 Version

Travaillant par équipes de 2 ou 3 personnes, traduisez en anglais le document suivant (communiqué au directeur du personnel de la firme britannique Enderby and Holt par son homologue de chez Granicor, en réponse à la lettre qui figure dans l'exercice 3 ci-dessus).

Le Délégué du Personnel

Porte-parole des salariés, interlocuteur bien connu des patrons de PME, le délégué du personnel est un acteur de la vie de toute entreprise d'au moins onze salariés. La loi lui accorde des droits, sans nul doute, mais le délégué est également tenu au respect d'un certain nombre de normes.

Tout salarié peut devenir un jour délégué du personnel (DP) puisque ce dernier est élu par ses collègues. Il incombe d'ailleurs au chef d'entreprise de «susciter» tous les ans les élections.

Le nombre des délégués élus pour un an, et rééligibles, est fonction de l'effectif de l'établissement.

Mission

Leur mission ne varie pas. Présenter aux employeurs toutes les réclamations individuelles ou collectives relatives aux salaires; veiller à l'application du code du travail et des autres lois et règlements concernant la protection sociale, l'hygiène et la sécurité ainsi que les conventions et accords collectifs de travail applicables dans l'entreprise.

Porte-parole des salariés, le DP n'a nullement le monopole de présentation des doléances. Affichage, tracts, réunions lui permettent de faire connaître aux salariés les suites données à leur demande.

Le DP peut aussi saisir l'inspection du travail de toutes les plaintes et observations relatives à l'application des prescriptions législatives, réglementaires ou conventionnelles dont cet organisme est chargé d'assurer le contrôle. Il peut, de même, accompagner l'inspecteur du travail lors de ses visites de l'entreprise.

Les rapports entre DP et chef d'entreprise prennent véritablement leur sens lors des réunions collectives ou individuelles auxquelles ils participent. Les DP sont reçus collectivement au moins une fois par mois. Le patron doit prendre l'initiative de cette réunion. En cas d'urgence, le DP peut, à sa demande, obtenir un entretien. Deux jours avant la réunion, il doit remettre une note écrite précisant l'objet de sa requête.

L'employeur tient un registre mentionnant les copies des notes et les réponses qui en découlent.

Il est impératif, pour le chef d'entreprise, d'être très attentif car toute entrave est pénalement sanctionnable. «Oublier de faire ou laisser faire» peut constituer un délit d'entrave.

Moyens d'action

Pour faciliter l'exercice de ses fonctions, le délégué bénficie de divers moyens d'action.

— Titulaire, il dispose de quinze heures par mois «pour remplir sa mission». Ce crédit est une limite qu'il ne peut, sauf circonstances exceptionnelles (grève, soudaine aggravation de la situation de l'emploi), dépasser. Le décompte de ces heures s'effectue dans le cadre mensuel. L'élection, ou une absence, en cours de mois n'entraînent nullement réduction au prorata du temps de travail effectif. Le temps passé aux réunions avec l'employeur ne s'impute pas sur ces quinze heures.

L'utilisation et la répartition du temps de délégation est laissé à la discrétion du délégué, sous réserve qu'elle soit conforme à sa mission. Aucun droit de contôle pour l'employeur, qui peut simplement exiger d'être préalablement informé de l'absence de son délégué.

— En effet, sous réserve de ne pas apporter de gêne importante à l'accomplissement du travail, tout délégué peut se déplacer dans l'entreprise, et hors de l'établissement, pendant et en dehors des heures de travail.

— Enfin, les délégués disposent d'un local à l'intérieur de leur société, qu'ils partagent éventuellement avec les membres du CE. L'employeur est dans l'obligation de mettre à leur disposition ce local nécessaire à l'accomplissement de leur mission.

Statut

Tout délégué du personnel, agissant dans le cadre de ses fonctions, est avant tout un salarié de l'entreprise. Privilège de sa fonction, il est cependant très protégé.

Ainsi lorsqu'un délégué est compris dans un transfert partiel d'entreprise, son transfert doit être soumis à l'autorisation préalable de l'inspecteur du travail.

De même, le délégué est protégé contre le licenciement pendant toute la durée de son mandat. Une procédure dérogatoire au droit commun lui est applicable. L'employeur doit soumettre son projet à l'avis du comité d'entreprise. A défaut, il l'envoie directement à l'inspecteur du travail. Le licenciement ne peut intervenir que sur autorisation de ce dernier. Celui-ci fait état de sa décision sous quinze jours après avoir mené une enquête contradictoire. Recours hiérarchique auprès du ministre du travail et recours contentieux sont à la disposition de l'employeur et du délégué. Ce dernier a droit à une réintégration immédiate à sa demande, si l'employeur n'a pas été confirmé dans sa volonté de licencier.

(*PME-PMI Magazine*, 1987)

5 Exposé

Après avoir fait les recherches nécessaires, présentez à votre groupe ou mini-groupe un exposé de 3 à 4 minutes sur le rôle des cercles de qualité dans l'amélioration des relations humaines et du climat social au sein de l'entreprise.

6 Résumé

Vous êtes délégué du personnel. Un ouvrier, Gilles Laurence, est venu vous voir pour exprimer un grief. Voici ce qu'il vous dit:

«Ecoute, Jean-Luc, j'en ai marre de cette affaire. J'en ai vraiment assez. Trois fois déjà j'en ai parlé au contremaître (c'est Lerdan, tu sais) et personne n'a rien fait, strictement rien. Comme tu sais, je travaille à l'atelier de finition, et depuis l'installation de ces nouvelles machines de dégraissage on ne porte plus la cagoule et le survêtement imperméable et tout ça, on n'a que les lunettes et le masque comme protection spéciale. Au début on a été drôlement content du changement parce que c'était vraiment pénible avant avec la cagoule, l'imper, les bottes et gants en coutchouc, et cetera. Mais quand la machine tourne plein pot on reçoit des éclaboussures. Trois fois déjà cette semaine j'ai eu du solvant sur la peau. Rien de très grave, mais comme tu sais c'est un produit industriel assez fort et il faut se laver et enlever des vêtements ou même les changer. Il paraît que les écrans transparents ont été changés et le nouveau matériau devient trop flexible quand ça chauffe. Mais depuis que l'inspecteur a condamné nos vestiaires dans ce bâtiment il faut aller au bâtiment C. C'est pas marrant! C'est pas tout prês – trois ou quatre minutes à pied, facilement. C'est déjà pas commode d'avoir les vestiaires et toilettes à cette distance, mais quand il faut y aller vite pour se laver ou changer de vêtements c'est encore moins drôle, je t'assure! Et comme si c'était pas assez, avec les retards de fournitures qu'on a eus tout le monde nous demande d'augmenter la cadence pour être sûr de respecter les délais prévus, mais comme ça avec tous ces arrêts je suis tout le temps en retard. D'abord je ne veux pas qu'on me reproche ces retards, et puis c'est désagréable d'avoir à travailler dans ces conditions, et par-dessus le marché d'avoir à courir dans l'autre bâtiment pour se nettoyer. Chaque fois que ça m'est arrivé j'ai rendu compte à la maîtrise et on m'a dit qu'on allait s'en occuper. Encore ce matin – c'est la quatrième fois cette semaine – j'ai dû aller me changer la blouse. J'en viens tout juste, et je suis venu directement te voir, parce qu'il faut qu'ils fassent quelque chose. Tu me connais, ce n'est pas dans mes habitudes de râler comme ça, mais trop c'est trop!»

Ecrivez un compte rendu sommaire de la doléance de M. Laurence, à l'intention, dans un premier temps, du chef de l'atelier concerné. (Pour l'occasion vous jugez qu'il conviendra d'utiliser le style indirect, de ne traiter que des aspects essentiels du problème, et de ne pas polémiquer.)

7 Essai

a Dans le domaine des relations humaines, quelles conditions devraient, selon vous, favoriser la création et le maintien d'un bon climat social dans une PME?

b «Face à la crise, les partenaires sociaux seront tôt ou tard contraints à devenir des partenaires dans le vrai sens du mot.» Discutez ce jugement.

c Etre «à l'écoute des attitudes du personnel» (l. 63). Comment cet objectif pourrait-il être facilité par l'utilisation de l'informatique dans l'entreprise?

d «Le premier public d'une entreprise ce sont ses salariés» (Schwebig). Expliquez et commentez cette remarque.

e Le travail est-il devenu le dernier privilège?

8 Discussion

Dans un autre chapitre de *Stratégie Sociale de l'Entreprise,* Octave Gélinier affirme que dans la *concertation* les échanges se font en principe entre les personnes directement concernées par une proposition, un projet, un problème, un grief, etc., et que dans la *négociation* ce sont le plus souvent les représentants des personnes concernées qui mènent le débat.

Dans votre groupe, discutez et dressez la liste des avantages et inconvénients de chacun de ces deux modes de communication. Ensuite, déterminez les circonstances où l'un serait plus indiqué que l'autre.

10 Publicité et communication

Le Hors Media

Cette expression désigne toutes les opérations publicitaires non couvertes par les médias classiques (la presse, l'affichage, le cinéma, la radio, la télévision). Elle est
5 d'ailleurs suggérée par la nomenclature de l'IREP (Institut de Recherches et d'Etudes Publicitaires) qui isole habituellement dans les dépenses publicitaires des annonceurs celles qui ne transitent pas par les grands médias. Elles sont alors regroupées de la manière suivante:

10 — promotions,
— publicité directe et éditions d'imprimés publicitaires,
— publicité sur le lieu de vente (PLV),
— expositions, foires, salons, congrès,
— insertions dans annuaires, programmes,
15 — autres.

La classification adoptée par l'IREP mérite d'être précisée en raison de la diversité des opérations dites promotionnelles dans le hors media.

Les promotions sont une série de techniques qui complètent la vente et la publicité, et qui incitent le consommateur à acheter et le détaillant à être plus efficace, par des actions limitées dans le temps et dans l'espace, apportant un avantage supplémentaire.

D'une manière ou d'une autre, les promotions proposent aux consommateurs soit un avantage fondé sur le prix, soit un avantage lié à la qualité du produit. Ce sont, notamment:

— la baisse des prix,
— le coupon de réduction,
— l'offre de remboursement,
— la prime ou distribution d'un cadeau de faible valeur monétaire liée à l'achat du produit,
— les ventes jumelées d'un produit: avantage en volume offert aux consommateurs pour un prix identique,
— l'échantillonnage ou distribution gratuite du produit.

La publicité directe est une autre forme de la promotion des ventes. Elle s'y rattache par son rôle. Elle est en effet un moyen de communication *individuelle* destiné soit à compléter soit à remplacer l'effort de communication de masse de la publicité dans les grands medias. Comme pour les opérations promotionnelles précédentes, elle vise à déclencher l'*achat immédiat* du produit par la passation de la commande. Le caractère *direct* de la réponse veut dire que la plupart des achats se font par *impulsion*. Il faut que la publicité soit directe, c'est-à-dire toujours plus concrète, plus proche de l'acheteur potentiel. La promesse publicitaire est la valeur économique de l'offre. C'est pourquoi les 10 mots qui font le succès de cette technique sont: «nouveau, gratuit, vous, maintenant, gagnez, facile, lancement, aujourd'hui, épargnez, garantie».

Pour obtenir ce résultat, la publicité directe utilise *plusieurs moyens* de prospection:

— le *mailing ou publi-postage* qui consiste à adresser à un éventuel acheteur une brochure, une lettre
55 d'accompagnement et . . . un bon de commande. L'usage du mailing est généralisé dans les sociétés de ventes par correspondance, qui adressent régulièrement des offres adaptées, personnelles et même confidentielles à la clientèle de leur fichier. C'est le cas, en France, de La
60 Redoute, des Trois Suisses, de Yves Rocher, de la Camif, des Coop. Ces sociétés considèrent leur fichier comme leur «fonds de commerce» et le protègent jalousement. La Redoute, incontestable leader de la vente par correspondance, gère un fichier de plus de 6 millions de
65 clients.

— *L'encart-colis*, consiste à insérer un dépliant commercial et . . . un bon de commande dans le colis qu'une société de VPC non concurrente expédie à ses clients. Le «droit d'asile» par colis est en général compris entre 0, 10 F et
70 0, 20 F. Les coûts sont donc faibles et les rendements sont bons car on touche le client à la bonne adresse et dans une attitude plutôt favorable puisque l'offre parvient au moment où le prospect reçoit un colis.

Le *téléphone* est aujourd'hui en France un moyen efficace
75 de prospection en matière de publicité directe, compte tenu de son taux élevé de pénétration: aujourd'hui deux tiers des ménages français et près de 100% des professions libérales et cadres supérieurs ont le téléphone.

Celui-ci peut être traité soit comme un outil de
80 préparation à la vente, soit comme un instrument de vente directe ou de prise de commande. Ainsi, une société d'apprentissage de langues étrangères dont les objectifs sont la réalisation d'un certain chiffre d'affaires avant la fin de l'année, procède comme suit: envoi de mailing dans les
85 entreprises pour présenter et proposer le service, puis appels téléphoniques à ces mêmes entreprises pour déterminer les besoins réels sous forme de questionnaire extrêmement complet, enfin, visites des prospects par les représentants.

90 Un autre exemple est celui de La Redoute. Le téléphone représentait seulement 20% de son chiffre d'affaires il y a

dix ans. Aujourd'hui il réalise plus de 30% de ce chiffre d'affaires avec 80 bureaux répartis dans toute la France.

Dans ces deux exemples, on peut observer que le téléphone est souvent utilisé en combinaison avec le mailing. Lorsque l'offre est bien formulée à une clientèle acquise à la société, le téléphone permet d'obtenir des rendements 4 à 5 fois supérieurs à ceux d'un mailing.

La *publicité directe* se différencie cependant des promotions classiques sur *trois* points:

– elle rassemble la fonction publicité et la fonction ventes dans un *seul* message: le mailing ou le contact téléphonique;

– elle est, par définition, *automesurable*. La carte, le coupon-réponse, l'appel téléphonique, qui véhiculent une demande d'information ou une commande, permettent de mesurer l'efficacité de chaque élément d'une action de publicité directe;

– le concept de *service* valorise le produit. «Lorsque j'achète un livre en librairie, j'achète un produit. Lorsque j'achète un livre à *France-Loisirs*, je fais partie d'un club qui m'offre les avantages liés au club.»

Les *éditions d'imprimés publicitaires*, notamment les *catalogues*, se rattachent à la publicité directe. On a pu comparer le catalogue édité par une société de VPC à un grand magasin. Il comprend les pages-stand qui procèdent à des démonstrations, les pages-rayon qui offrent un choix très vaste, les pages de la mode qui annoncent les nouveautés de la saison. En consultant les annonces dans le catalogue, le consommateur s'expose à de multiples tentations. Le catalogue est donc un outil promotionnel efficace puisqu'il multiplie les *occasions* d'achat.

3. *La publicité sur le lieu de vente* (PLV). Elle désigne toutes les manifestations publicitaires d'une marque sur le lieu de vente. Par exemple, l'exposition du produit en vitrine, la présentation de masse, en vrac, en présentoir, îlots . . . , l'étalage dans le magasin, l'affichage sont autant de manifestations publicitaires sur le lieu de vente. Il faut

savoir qu'elles ne sont pas gratuites pour l'annonceur. Elles ont un coût de production auquel il faut ajouter le coût
130 d'acceptation du gérant du magasin.

4. *Les expositions, foires, salons, congrès* sont des manifestations publicitaires importantes pour les fabricants de biens industriels et de biens de grande consommation. Ce sont des lieux de rencontre et
135 d'échanges qui permettent de toucher une clientèle de professionnels, c'est-à-dire de prospects, ainsi que le grand public. Les salons de l'Automobile, de l'Agriculture, des Arts Ménagers, le Sicob jouent un rôle très important dans le développement de l'activité commerciale nationale.
(Adapté de Sylvère Piquet, 1981)

Glossaire
VPC (vente par correspondance) (1.68) – mail order

Références bibliographiques

Sources

S. Piquet, *La publicité* (Paris: Vuibert Gestion, 1981) pp. 94–6.
C. Matricon, *Le marketing du réel* (Paris: Editions l'Usine, 1985) pp. 175, 176.
A. LeGoff, «Sponsoring» dans PME-PMI Magazine, No. 17, jan-mars 1988, pp. 50–1.

Pour en savoir plus

P. Diou, *Initiation aux techniques de la commercialisation* (Paris: Dubois, 1981).
J. N. Kapferer, *Les chemins de la persuasion* (Paris: Gauthier-Villars, 1978).
J. N. Kapferer, *Rumeurs* (Paris: Seuil, 1986).
A. A. Moles, *Théorie structurale de la communication et société* (Paris: Masson, 1986).

Exercices

1 Répondez

a Expliquez brièvement le fonctionnement de chacune des six techniques de promotion citées aux lignes 10–15.

b La publicité directe est un moyen de communication individuelle. Est-ce que cela veut dire qu'elle n'a aucun rapport avec les communications de masse?

c Si, comme les mots «la plupart des achats» (1.44) le laissent entendre, certains des acheteurs résistent à l'incitation à l'achat immédiat, l'existence de ces «résistants» est-elle signe de force ou de faiblesse dans la stratégie adoptée?

d Expliquez dans son contexte le sens de la phrase «La promesse publicitaire est la valeur économique de l'offre» (ll. 46–7).

e Comment envisagez-vous des offres «adaptées, personnelles et même confidentielles» (l. 58)?

f Expliquez comment une simple liste pourrait être considérée comme un «fonds de commerce» (ll. 62).

g L'encart-colis (l. 66) présente certains avantages particuliers. Commentez-les brièvement.

h Quelles formes de prospection par téléphone avez-vous rencontré personnellement?

i Expliquez le rendement remarquablement efficace de la combinaison mailing–télephone (ll. 75–6).

j Quel est l'intérêt d'une technique de communication «automesurable» (l. 103)?

k Expliquez comment «le concept de service valorise le produit» (l. 108).

l Dans quelle mesure l'assimilation du catalogue au grand magasin (ll. 114–15) vous paraît-elle raisonnable?

m Décrivez la forme que pourrait prendre chacun des sept types de PLV cités dans le texte (ll. 124–6).

n «Les expositions, foires, salons, congrès, sont des manifestations publicitaires importantes» (ll. 131–2). Qu'est-ce qu'ils ont en commun, et qu'est-ce qui les différencie les uns des autres?

2 Exploration du texte

a *Contenu*

Faites le plan de l'extrait. (Pour un plan il suffit d'indiquer par des titres ou rubriques la structure de l'argumentation.)

b *Glossaire*

Trouvez un équivalent en anglais pour chacune de ces expressions:

La PLV (l. 12) l'offre de remboursement (l. 30) les ventes jumelées (l. 33) l'echantillonnage (l. 35) l'achat immédiat (l. 42) l'achat par impulsion (l. 44) le mailing (l. 53) un bon de commande (l. 55) le fichier (l. 59) l'encart-colis (l. 66) la société de VPC (l. 68) la prospection (l. 75) les professions libérales (ll. 77–8) les cadres supérieurs (l. 78) les éditions d'imprimés publicitaires (l. 112) le Salon de l'Automobile (l. 137) le Salon de l'Agriculture (l. 137) le Salon des Arts Ménagers (l. 138) le Sicob (l. 138).

c *A noter*

(i) Remarquez l'emploi de *points de suspension* (. . .) dans l'extrait (ll. 55 et 67). Quel est l'effet recherche?

(ii) Notez en passant l'existence d'un autre emploi (assez fréquent en français, mais absent de cet extrait) des points de suspension, où ils se substituent à 'et cetera':

> La part de la télévision dans la publicité monte en flèche, et aurait été encore plus grande en l'absence de réglementations interdisant à certains produits (cigarettes, alcools, margarine, la distribution . . .) l'accès aux chaînes de télévision nationales.

d *L'expression*

Commentez l'effet sur le lecteur de la manière dont l'auteur s'exprime.

Il conviendrait d'examiner la structure de l'argumentation, la nature du vocabulaire, le choix des exemples, le ton, les procédés stylistiques (listes, accentuations, longueur des phrases, simplicité/complexité, allusions, références . . .).

3 Version

Traduisez en anglais:

Audit de communication

Une institution, entreprise ou non, émet sans cesse de l'information, simplement parce qu'elle vit, évolue et travaille. Les modes de cette information sont multiples et la plupart d'entre eux échappent à toute volonté politique. Les effets en sont cependant réels et contribuent au contenu de ce qui est perçu, bien ou mal, et qui colore l'image. A la question: quelle est votre communication? la réponse est pratiquement toujours: voilà ma publicité. Il y a ici confusion entre le maîtrisable, qui n'est que partie, et ce qui est dit par tous les actes de l'entreprise qui est toute sa communication.

L'analyse de la communication d'une entreprise ou d'une institution doit prendre en compte l'ensemble des éléments émetteurs: c'est la notion d'audit. Il s'agit d'un examen exhaustif de tous les messages émis, volontairement ou non.

L'audit de communication s'applique:

- à la publicité, ce qui est habituel,
- aux relations publiques, ce qui l'est moins car elles relèvent souvent d'une autre direction et de toute une série d'éléments émetteurs dont l'impact est souvent déterminant, mais dont nul ne songe à s'apercevoir qu'ils font partie de la communication de l'entreprise,
- la voix du standard,
- la typographie du papier à lettres,
- le libellé des factures,
- les voitures de livraisons: marque, carrosserie, couleurs, graphisme, message,
- la tenue des commerciaux,
- les emballages des produits,
- le graphisme des enseignes,
- l'agencement des magasins,
- les échos qui paraissent sur l'entreprise: grève, changement de PDG . . .,
- le rapport annuel,
- les échos financiers.

Pour chacun de ces éléments, l'analyste cherchera à établir le contenu du message émis, sa puissance, sa contribution à l'élaboration de l'image de l'entreprise.

L'intérêt de procéder à un audit de communication réside surtout dans le fait qu'il permet d'établir une véritable synergie entre tous les éléments émetteurs de l'entreprise après les avoir analysés et confrontés à la politique de communication en vigueur. Chacun de ces éléments doit émettre le même message et renforcer ainsi le message principal de l'entreprise.

(Claude Matricon, 1985)

4 Exposé

a Vers la fin d'un stage pratique que vous êtes en train d'effectuer au siège social d'une grande entreprise française de l'alimentaire, votre patron, le directeur de la communication, vous invite à participer à un audit de communication actuellement en cours. Dans un exposé de 3 à 5 minutes présentez-lui vos observations.

Vous traiterez des aspects de la 'communication totale' de la société qui vous ont frappé pendant les six mois que vous avez passés au siège, à l'usine et dans les circuits de distribution.

Le paragraphe suivant pourrait vous être utile, ainsi que certaines des idées exprimées dans le texte de l'exercice 3.

> Il convient enfin d'insister sur le rôle émetteur des différentes catégories de personnel. Les vendeurs, qui sont en contact permanent avec les fournisseurs et les cadres, qui représentent l'entreprise dans les instances professionnelles, tiennent chaque jour des propos sur l'entreprise à leurs interlocuteurs, propos parfois divergents allant à l'encontre du message reconnu de l'entreprise. Un sondage permettra d'apprécier les divergences entre les messages émis et les raisons de ces divergences. Cette séquence de l'audit servira à élaborer un plan d'information interne sur la communication de l'entreprise, sur l'image qu'elle veut donner d'elle-même et sur le rôle de chaque collaborateur.
> (Claude Matricon, 1985)

b Faites, à l'intention d'un professionnel français, un exposé sur les différentes formes de publicité sur le lieu de vente en usage courant au Royaume-Uni.

c La campagne de rêve, ou campagne d'image pure (c'est-à-dire basée sur une communication dépourvue de toute information concernant la qualité, le prix et la localisation du produit – le collant Dim et la cigarette Marlboro en sont des exemples) peut être très efficace. Prenez quelques exemples de ce type d'annonce (français, britannique, américain ou même un mélange) et commentez-les à votre groupe, exemples visuels à l'appui.

5 Discussion

Thèmes de réflexion et de discussion:

a Dans l'intérêt du public, devrait-on interdire toute publicité sur le tabac et les alcools?

b «L'incitation à l'achat par impulsion est l'une des formes de la publicité les plus répréhensibles.» Partagez-vous cette opinion?

6 Essai

a «Les fabricants de produits de grande consommation courante s'orientent rarement vers les campagnes de publicité axées sur les prix.» Expliquez ce phénomène.

b «N'étonner que par la forme de l'annonce revient à éternuer: cela surprend et s'oublie instantanément. Une bonne campagne étonne deux fois.» (Piquet)

7 Thème

Votre chef de section dans la société française où vous travaillez a reçu une lettre d'un confrère britannique. Traduisez en français l'extrait qui suit:

In our group of companies we define impulse buying as the purchase of a product which the consumer had not planned to buy when entering the shop. Some people are more inclined to impulse buying than others, of course, but almost every customer does it to some extent. A recent survey revealed that nearly 50% of purchases in retail food outlets are unplanned. This led us to look fairly closely at the behaviour of a large sample of customers in all our medium-sized stores, and we found that overall more than 90% of their impulse purchases fall into four categories. Firstly there is pure 'spur of the moment' buying – the customer is attracted by a novelty, or buys something as an escape from routine. Secondly (by far the largest category in most of the stores surveyed) there is the 'reminder' phenomenon – the sight of a product on the shelves recalls previous experience of it and reminds the shopper of the need for a replacement. A third category includes the 'suggestion' effect – the client sees a product and decides there and then to try it. A fourth category – small at present but growing very rapidly – includes 'incentive' purchases made as a result of promotions such as a special price, a money-back coupon, a voucher offering so much off the next purchase, a double pack or an 'extra volume' offer.

8 Etude de cas

Sujet: la publicité mensongère.

Au cours du stage pratique que vous faites en France vous profitez d'un «pont» et de quelques jours de vacances pour partir avec des amis stagiaires en voyage organisé. Malgré les promesses alléchantes qui figurent dans la brochure, vous avez été très déçus à de nombreux égards (voyage en car, accueil, confort, nuisances, repas, location de matériel, sorties . . .). En tant que porte-parole du groupe, écrivez une lettre à la compagnie organisatrice pour exprimer votre déception et demander le remboursement partiel du prix du voyage.

9 A vous de jouer

Après avoir étudié l'Extrait 10.1, divisez-vous en équipes de deux ou trois personnes. Chaque équipe a pour tâche de concevoir et de planifier un projet (exploit sportif ou autre, exploration, tentative d'établir un nouveau record, et cetera) dont la mise en œuvre demandera le soutien – financier ou en nature – d'une ou de plusieurs sociétés de votre région.

Vous avez la chance de pouvoir passer à la télévision régionale pour être interviewés sur le projet, et il sera évidemment dans votre intérêt de transformer l'émission en spot publicitaire.

Jouez le jeu de l'interview. Une autre personne (professeur, étudiant, visiteur français . . .) assurera le rôle d'intervieweur, et à la suite de l'émission le groupe entier commentera votre prestation et jugera du succès de votre appel et de vos chances d'être sponsorisés.

Extrait 10.1(a)

SPONSORING POURQUOI ?

Le but final du sponsoring est simple à comprendre : faire parler au maximum de ses produits ou de son savoir-faire. Une marque de champagne (telle Charles-Heidsieck) ou de chocolat (Poulain ou Côte d'Or) peut miser sur un champion chargé de faire, à sa façon, des relations publiques. Mieux encore, avec de la chance – ou un bon réseau de copains dans les journaux – l'opération sportive que vous parrainerez peut se révéler originale et bénéficier d'un regain d'intérêt inattendu. Rappelez vous ce médecin qui avait rejoint le pôle nord en traîneau ! «*Dix minutes de télévision sur une opération sportive de qualité peuvent rapporter dix fois plus de notoriété qu'une campagne de publicité de 4 ou 5 millions de francs*» précise Roland Carces, l'un des spécialistes du sponsoring d'entreprise. «*Ce qui compte le plus*», poursuit-il, «*c'est la qualité de l'événement, son originalité et surtout l'efficacité de la relation presse qui l'accompagne. Sans de bons dossiers et communiqués de presse, suivis de contact direct avec les journalistes, pas la peine de se lancer à tort dans le sponsoring*». Pour l'entreprise, dont l'objectif final reste le profit, le sponsoring est un investissement qui demande, comme toute autre décision, d'être mûrement réfléchi et calculé.

Extrait 10.1(b)

SPONSORING A TOUT PRIX

Armer un bateau capable de participer à toutes les grandes courses du monde demande une surface financière importante. Quelques grandes sociétés s'y sont consacrées (Kriter, Fleury Michon, Crédit Agricole . . .) au risque parfois de limiter leurs actions publicitaires. Pourtant, avec l'aide de son personnel (qui pendant le week-end allait donner gratuitement un coup de main sur le chantier), la charcuterie Stalaven (Bretagne) a parrainé un bateau dans la course de l'Europe pour moins de 30 000 F. On est loin des 40 ou 50 millions versés par Marlboro à une écurie automobile de formule 1 ou des 20 millions versés par les entreprises soutenant des équipes de football.

Mais le sponsoring ne demande pas forcément un investissement énorme. On peut s'associer, quel que soit son budget, à des manifestations importantes. L'exemple du Paris-Dakar est encore une fois intéressant. De nombreux amateurs régionaux ont fait appel localement à des entreprises sponsors qui deviennent ainsi, pendant une quinzaine de jours, partenaires de l'aventure mécanique. Une panne, un événement imprévu et voilà que la voiture, la moto ou le camion se retrouve sous les feux de l'actualité. Pour 15 ou 20 000 Francs d'investissement, le sponsor bénficie de retombées inattendues. Le cas s'est produit voici deux ans, pour un équipage comtois qui avait aidé l'un des favoris à retrouver son chemin. Interviewés, photographiés, les auteurs de l'exploit avait conduit à la une de l'actualité une boulangerie de leur région. Les exemples ne manquent pas. Mais en tout cas, un budget de sponsor ne se calcule pas au hasard, et sur une manifestation largement couverte par les médias, il est impensable d'agir avec moins de 500 ou 600 000 F. Certaines entreprises participent à des opérations sportives en assurant la fourniture en nature des candidats. Une entreprise du nord. KWAY, dirigée par Léon Claude Duhamel, pratique régulièrement ce type de sponsoring qui ne coûte à l'entreprise que les coûts de fabrication. Un exemple qui montre qu'il est possible de se faire un nom de sponsor sans forcément avoir investi beaucoup.

(*PME-PMI Magazine*, 1988)

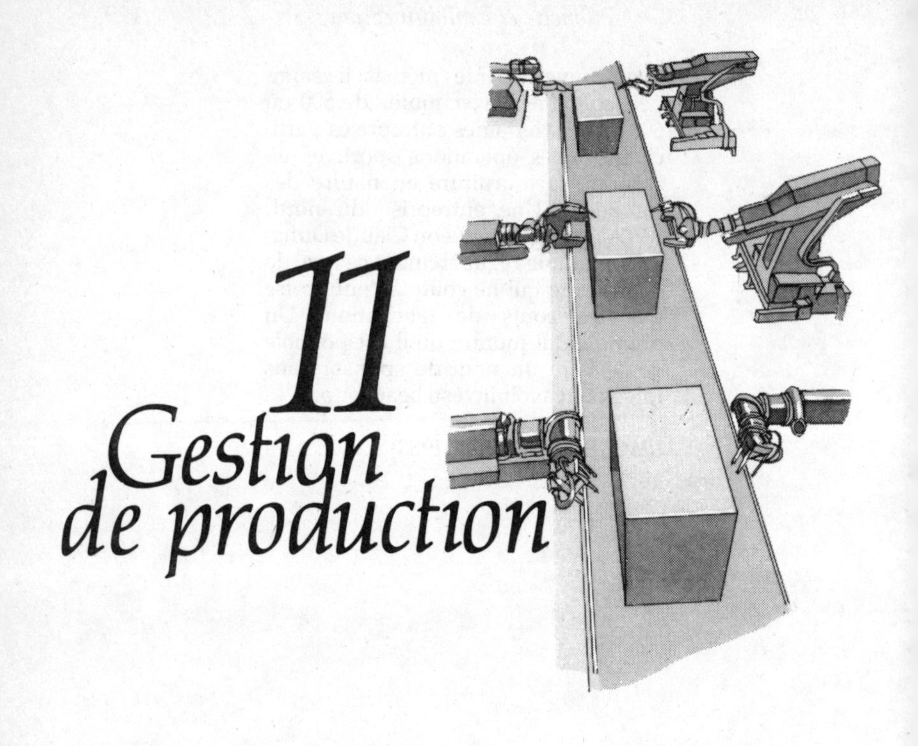

11 Gestion de production

MRP – Une approche américaine

MRP II signifie Manufacturing Resource Planning et désigne l'aboutissement actuel d'une théorie de gestion de la production qui trouve son origine à la fin des années 60. Pour les pionniers de cette époque, MRP signifiait Material Requirement Planning. Sa traduction française, «Calcul des besoins», montre bien de quoi il s'agit: les besoins nets en composants nécessaires à la fabrication des produits finis sont calculés par «éclatement» du plan de production à partir des nomenclatures, et en déduisant les stocks disponibles. Cette méthode était déjà une révolution par rapport à celles utilisées jusqu'alors (comme, par exemple, la gestion des stocks par point de recomplètement) et n'était envisageable qu'avec l'aide de l'informatique. Puis on imagina de boucler le processus en y intégrant la gestion des capacités et le suivi de l'exécution des ordres, de façon à pouvoir vérifier la faisabilité du programme de production et à faire face aux aléas de la fabrication. Enfin, beaucoup plus récemment, on atteignit un stade encore supérieur avec MRP II, système impliquant l'ensemble de l'entreprise dans le processus de planification: la finance, le marketing, le commercial, la production, les achats, etc., tous travaillant sur les mêmes données de base.

D'après une enquête publiée en 1981 par l'Apics (American Production and Inventory Control Society) et l'Université du Minnesota, sur 679 entreprises participantes, 64% étaient utilisatrices du MRP. Mais à peine 40% parmi ces dernières avaient un système bouclé. On peut constater, donc, qu'aux Etats-Unis l'idée est bien ancrée. L'entreprise qui installe un système MRP accroît sa compétitivité. Elle diminue ses coûts de production en diminuant ses stocks de matières premières, de produits finis et d'en-cours, ainsi que ses coûts de fabrication, ses coûts d'achat, etc.; de plus, elle est en mesure de mieux servir ses clients en raccourcissant ses délais de livraison et surtout en les respectant. Dans la pratique, c'est le système MRP qui «pilote» la production, permettant de la moduler au mieux en fonction des fluctuations de la demande, et même de la gérer pour répondre aux besoins ponctuels et même insolites. On cite, par exemple, le cas d'un grand groupe qui avait décidé d'arrêter les activités d'une de ses divisions travaillant pour l'industrie pétrolière, la construction et les mines de charbon. Le contrôle de son activité par le MRP a permis à cette division de rester profitable beaucoup plus longtemps. L'utilisation que l'on peut faire du système est parfois même plus inattendue. Ainsi, dans une entreprise de Cincinnati fabricant des connecteurs pour l'industrie électronique, on a utilisé le MRP pour gonfler provisoirement, en fin d'année, les stocks de certains articles bien choisis pour des raisons purement fiscales.

Mais, en temps normal, c'est évidemment l'effet contraire que l'on recherche. La réduction des stocks est en effet la motivation majeure des industriels interrogés par l'Apics (31% des réponses). Et les résultats sont souvent spectaculaires, révélant de grandes variations d'une entreprise à l'autre: 41% chez Dover Corp (Cincinnati), un fabricant d'équipements pour stations-service (600 personnes et 16

millions de dollars de chiffre d'affaires), mais «seulement» 15% chez Warren (Littleton, Boston), un constructeur de
60 matériel électrique (135 personnes). Les résultats obtenus par certaines entreprises dans la réduction des en-cours laissent même rêveur: 50% chez LeBlond-Makino (Cincinnati), un constructeur de machines-outils (450 personnes), 82% chez Warren et 87% chez Dover. Il faut préciser que
65 l'implantation du MRP dans ces entreprises a coïncidé avec la récession, si bien qu'il est difficile de faire la part des choses. «Mais c'est justement le MRP qui nous a permis de réduire nos en-cours en fonction de nos ventes», déclare un des dirigeants de chez LeBlond. La littérature spécialisée
70 américaine cite d'ailleurs des chiffres plus réalistes: 20 à 40% de réduction pour les stocks en général.

Il y a trois ans, le manager responsable de la gestion de la production chez Warren était licencié. Motif: l'entreprise avait dû payer un pénalité de retard de 165 000 dollars au
75 gouvernement de Taïwan. «A l'époque, 47% seulement des commandes étaient livrées à temps, et nos performances étaient si pauvres que nous étions interdits chez certains clients», raconte l'actuel «material manager», embauché pour redresser la situation. Bien que le meilleur service à la
80 clientèle vienne assez loin derrière la réduction des stocks comme motivation pour l'installation du MRP (13% seulement des entreprises interrogées le mettent au premier rang dans l'enquête Apics), il est un des principaux motifs de satisfaction des industriels que nous avons rencontrés.
85 Tous livrent au moins 95% des commandes à la date promise (alors que la moyenne, selon la même enquête, est de 76,6%). Chez Warren, ce taux est aujourd'hui de 96%, et, parallèlement, le délai moyen de livraison est passée de douze à huit semaines, à moins de trois pour certains
90 produits. La société estime à 800 000 dollars le supplément de chiffre d'affaires annuel réalisé grâce au système.

Ces résultats supposent un très grand respect des dates de réalisation des ordres. Ainsi, à l'usine de Grand Rapids (Michigan) de Steel Case, leader mondial des équipements
95 de bureau, 99% des ordres de fabrication sont exécutés à la date prévue. Pour l'usine de cloisons de bureau, ce taux s'est maintenu à 100% pendant 147 semaines consécutives.

Parallèlement, le 'taux de livraison' aux clients était de 96% (un système de regroupement des commandes fait qu'il
100 dépend des livraisons des autres usines).

Ces performances tout à fait exceptionnelles sont à comparer à la moyenne nationale. Selon l'Apics, 19% des ordres prennent encore du retard à cause des manquants dans les entreprises utilisant le MRP, mais le chiffre était de 32%
105 avant l'installation du système. Autre conséquence indirecte du respect des délais: il est possible de planifier les livraisons en les répartissant tout le long du mois. Plus de rush à la dernière semaine, donc. Di-Acro, un constructeur de machines (presses plieuses, poinçonneuses, etc), à Lake
110 City (Minnesota), expédiait, en 1976, 78% de sa production la dernière semaine du mois. En 1981, les livraisons sont réparties également sur chaque semaine – d'où un gain de trésorerie, une meilleure utilisation des machines et une meilleure qualité des produits.

115 **Le fournisseur à l'honneur**

Un acteur indispensable ne doit pas être oublié dans ce beau scénario: le fournisseur. Il fait partie intégrante de la chaîne et doit donc se soumettre à la même discipline que l'acheteur. Les entreprises américaines les plus perfor-
120 mantes ont toutes mis en place des procédures pour accrocher le wagon fournisseur au train de l'entreprise. Dover, par exemple, envoie tous les quinze jours à chaque fournisseur une liste des commandes en cours avec les dates de livraison à respecter impérativement (et qui annu-
125 lent éventuellement celles portées sur les bons de commande proprement dits). Warren fait sensiblement la même chose, et ses plus gros fournisseurs se déplacent une fois par semaine pour prendre leurs listings.

Le cas de Steel Case a même valeur d'exemple aux
130 Etats-Unis. Le service achats des quatre usines de Grand Rapids envoie aux fournisseurs la liste de ses besoins pour les treize semaines à venir, tirée directement du MRP. Les besoins pour les quatre premières sont considérés comme des ordres fermes, et le fournisseur est autorisé à s'approvi-

135 sionner pour les quatre suivantes. Il ne reçoit aucun autre document. «C'est un moyen de tenir compte des vrais temps de fabrication des fournisseurs», dit le responsable de la planification des achats. «Mais aussi de juger de leurs performances et, bien entendu, de celles des acheteurs».

140 Résultat: à l'heure actuelle, moins de 1% des ordres d'achats sont en retard chez Steel Case. Et bien que le nombre de pièces détachées ait doublé depuis dix ans, ce résultat a été obtenu avec le même nombre d'acheteurs. En communiquant ses prévisions à son fournisseur d'acier,
145 LeBlond pour sa part a réduit les délais de livraison de cinq à une semaine, et son stock de 600 000 à 300 000 dollars. Il en est de même pour certains composants (par exemple, convoyeurs de copeaux, mandrins de tour): pour ces derniers le délai de livraison est passé de neuf à trois mois
150 depuis que le fournisseur travaille avec un programme de douze mois, dont les quatre premiers sont fermes.

Une meilleure planification des commandes et une gestion plus serrée des fournisseurs devraient en principe avoir un effet sur les coûts d'achat. C'est vrai, affirment les
155 industriels américains – mais ils ne sont pas toujours en mesure de donner des chiffres. Chez LeBlond, pourtant, on parle de gains de productivité directe (en dollars constants par heure de travail) de 5 à 10% la fabrication et de 10 à 15% l'assemblage. D'autres industriels annoncent des
160 gains globaux variant de 9 à 21%.

Les «chevronnés» du MRP sont unanimes à dire que c'est un système unifiant. On entend souvent l'expression «Tout le monde lit dans le même livre». Et c'est un livre que tous les services de l'entreprise concourent à rédiger. Chez Steel
165 Case, un «comité central» comprenant des représentants du marketing, du commercial, du contrôle de production, de la fabrication se réunit tous les mois, ou plus souvent si nécessaire, pour réviser le plan de production en fonction des tendances observées dans les commandes reçues, les
170 indicateurs économiques généraux, les capacités de production, etc. Le plan de production est donc agréé par tous, et chacun connaît ses responsabilités dans son élaboration et son exécution – ce qui évacue une bonne part du contenu émotionnel des discussions. Au bout du compte, on

175 constate une amélioration dans la qualité et l'ambiance du travail jusque dans les ateliers. Une autre expression revient souvent dans la bouche des industriels américains: «Les gens ne sont plus occupés à combattre les feux», c'est-à-dire à résoudre des problèmes de dernière minute.
180 Ils peuvent donc se consacrer à des tâches plus productives. (Pierre Laperrousaz, 1983)

Références bibliographiques

Sources

P. Laperrousaz, «Gestion de production, l'approche américaine» dans *Usine Nouvelle*, No. 34, 25 aboût 1983.
«Produits: Ensemble de stockage et de manutention automatisé» dans *Usine Nouvelle*, No. 36, 8 septembre 1988.
F. Brown, «A 'domino' theory used in automation» dans le *Times* du 16 février 1988, pp. 30–47.

Pour en savoir plus

P. Baranger, *Gestion de la production* (Paris: Vuibert, 1987).

Exercices

1 Répondez

a En quoi consiste «le calcul des besoins» (ll. 6–7)? Expliquez le processus en quelques phrases.

b Expliquez pourquoi on ne pouvait envisager de mettre en œuvre la méthode MRP sans recours à l'informatique.

c Qu'est-ce qui a rendu possible la vérification à l'avance d'un programme de production?

d Avec l'ancienne méthode de calcul des besoins, dans quelle mesure était-il possible de tenir compte des incidents imprévus au niveau de la fabrication?

e Qu'est-ce qui distingue particulièrement:

(i) le MRP des systèmes précédents,
(ii) le MRP II du MRP?

f En quoi l'entreprise qui pratique le MRP s'avère-t-elle plus compétitive?

g Pour les entreprises étudiées dans le sondage Apics, quel était le principal attrait de la pratique du MRP?

h Quant à la réduction des en-cours, est-ce que les économies réalisées ont été encourageantes?

i Dans quelle mesure pourrait-on attribuer la réduction des stocks et des en-cours à l'adoption des méthodes MRP?

j La Société Warren a «remercié» un certain dirigeant. Pourquoi?

k Quelle importance les industriels interrogés attachent-ils à l'amélioration du service offert au client?

l Dans quelle mesure les industriels interrogés parviennent-ils à respecter les délais de livraison promis

m Est-ce que la méthode a eu des résultats appréciables sur le plan financier?

n Considérons le cas de Steel Case. Dans quelle mesure pourrait-on dire que c'est une compagnie exceptionnellement performante?

o Quelles sont les conséquences indirectes de cette méthode de planification exacte des livraisons?

p L'article cite deux exemples de l'application du MRP à des fins moins classiques. Quels étaient les buts recherchés dans ces deux cas?

q Expliquez comment la liste des besoins chez Steel Case peut servir à contrôler les «vrais temps de fabrication des fournisseurs» (ll. 136–7).

r Quelles améliorations ont été constatées chez LeBlond depuis l'adoption du même système?

2 Exploration du texte

a *Explication*
Expliquez le sens précis de ces expressions tirées du texte:

besoins nets (l. 7)
boucler le processus (1. 15)

les aléas de la fabrication (l. 18)
l'idée est bien ancrée(l. 29)
en-cours (l. 32)
les délais de livraison (1.35)
besoins ponctuels et même insolites (ll. 39–40)
laissent même rêveur (l. 62)
faire la part des choses (l. 66–7)
se soumetttre à la même discipline (ll. 118)
une gestion plus serreè (ll. 152–3)
les «chevronnés» (l. 161)

b *En d'autres termes*
Reformulez chacune des expressions suivantes, sans en changer le sens:

était licencié (l. 73)
redresser la situation (l. 79)
en les répartissant tout le long du mois (l. 107)
à respecter impérativement (l. 124)
fait sensiblement la même chose (ll. 126–7)
prendre leurs listings (l. 128)
a même valeur d'exemple (l. 129)
s'approvisionner (l. 134–5)
il ne reçoit aucun autre document (ll. 135–6)
juger de leurs performances (ll. 138–9)
ils ne sont pas toujours en mesure (ll. 155–6)
au bout du compte (l. 174)

c *Le sens propre*
Prenez cet extrait et, sans en changer le sens, récrivez-le en éliminant les expressions figurées (acteur, beau scénario, chaîne, accrocher le wagon fournisseur au train de l'entreprise):

Un acteur indispensable ne doit pas être oublié dans ce beau scénario: le fournisseur. Il fait partie intégrante de la chaîne et doit donc se soumettre à la même discipline que l'acheteur. Les entreprises américaines les plus performantes ont toutes mis en place des procédures pour accrocher le wagon fournisseur au train de l'entreprise.

3 Exposé

Préparez-vous à faire un court exposé oral (2 à 3 minutes) sur l'un des sujets suivants:

a Vous êtes l'un des fournisseurs de la Société Warren (que nous supposons implantée maintenant en France). Vous êtes en réunion de travail avec des collègues. Faites le point des avantages et des inconvénients pour votre entreprise de leur système.

b Mettez-vous à la place du chef du service planification des achats chez Steel Case. Vous recevez les représentants de plusieurs compagnies françaises et belges en concurrence pour un nouveau contrat de fourniture d'aciers spéciaux. Expliquez-leur le fonctionnement de votre système d'achats.

c Vous-êtes au service Relations Extérieures de la Société LeBlond. Répondez à un journaliste français, représentant la revue «Expansion», qui est en ligne pour vous demander quel a été l'impact du MRP sur votre société.

d «Tout le monde lit dans le même livre». Expliquez ce que cela veut dire dans le contexte de Steel Case.

e Les effets du MRP sur le climat social au sein de l'entreprise.

4 Version

Traduisez en anglais l'Extrait 11.1.

5 Style indirect

Voici un extrait du discours prononcé à l'ouverture d'une journée d'information et de travail. Récrivez-le au style indirect.

> Mesdames et Messieurs, en vous souhaitant le bienvenue aujourd'hui je tiens à être le premier à reconnaître qu'il était bien temps – et c'est le moins qu'on puisse dire – de se réunir pour faire le point des progrès de ces dix-huit mois, et de lever un peu le rideau sur nos projets pour l'avenir. Vous n'êtes pas sans savoir qu'il nous a fallu plusieurs semaines pour arriver à fixer une date susceptible de convenir à vous tous sans exception – d'où la longue attente. Mais tout à l'heure, quand avec mes collaborateurs je vous aurai expliqué la prochaine et dernière étape de ce project – et je parle, bien entendu, non seulement de la planification entièrement informatisée de la gestion de la production, mais de l'intégration dans ce système de tous les éléments en amont de la chaîne de fabrication – vous comprendrez pourquoi nous avons jugé indispensable de nous réunir tous – vous, les fournisseurs, et nous, le service des achats – en une seule et unique occasion.

6 Thème

a Traduisez en français cet extrait d'une lettre adressée par un cadre anglais à un collègue français:

Extrait 11.1

Ensemble de stockage et de manutention automatisé

Ce système associe une installation de stockage, un magasin vertical rotatif, par exemple, et le dispositif de transfert proprement dit, avec retour.

Il est entièrement géré par ordinateur, et sa principale fonction consiste à approvisionner en pièces et en composants les différents postes de travail d'une chaîne d'assemblage ou de manutention. La nature et la quantité de ces éléments ainsi que la fréquence de leur fourniture sont préprogrammées de façon à correspondre exactement aux besoins qui sont prévus pour chaque poste.

Conçu en vue de s'adapter à de multiples conditions opératoires précédant l'élaboration d'un produit fini, ce système concerne aussi bien l'assemblage en mécanique, en électricité ou en électronique que la confection ou la préparation de colis à partir de commandes variées (vente par correspondance, notamment). Les postes de travail peuvent aussi être des équipements de formage comme le sertissage.

Les pièces ou les composants sont acheminés en bac ou en conteneur au moyen de différents systèmes de convoyage, y compris des chariots filoguidés. Leur position est déterminée en permanence à partir d'une identification par code à barres ou autre. Différentes configurations de leur déplacement sont envisageables: unilatéralement entre le magasin et le poste, ou avec passage sélectif en divers postes.

L'unité informatique effectue une scrutation cyclique de l'état d'approvisionnement de chaque poste de travail. En cas de modification de série, elle assure également la neutralisation des postes desservis habituellement. Le dispositif d'entrée et de sortie du magasin peut atteindre mille mouvements par heure.

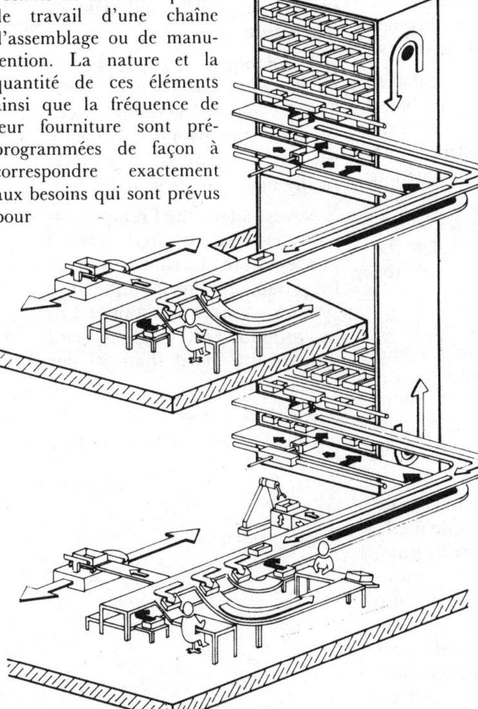

(*Usine Nouvelle*, 8 septembre 1988)

Extrait 11.2

A 'domino' theory used in automation

By Frank Brown

A low-cost device the size of a domino could help accelerate the adoption of automated manufacturing techniques in the world's industrial countries.

It is a computerized tag, which promises to increase the flexibility of automated production lines by enabling them to make mass-produced items in a wide range of variants. Attached to either the item being made or its pallett, the tag guides it through its various manufacturing stages.

At each stage, a special microchip in the tag is automatically "interrogated," providing information which instructs and the controls the production equipment to carry out the appropriate processing or assembly work on, and up-date the computerized memory of the tag.

The chip can store up to 20 kilobytes – about 2,000 characters of information. Its designers – the French firm, Statec Technologies – claims it will last more than 10 years, even in harsh conditions.

Statec says the system is more versatile than the bar code methods of product-identification, currently used on mass-produced lines. It can also decentralize product information databases to where they are needed on the production line, reducing shop-floor dependence on centralised computer operations.

In an automatic warehouse, for example, the tags could be attached to pallets and rack shelves, with the interrogator units, connected to automatic cranes.

Each shelf tag could hold all the information needed for efficient stock-handling – product-description, quantity, weight, reservation ability and date of manucture.

The company first put the tag on the production line in 1981. These earlier systems were simpler – the storage capacity was only 64 bytes – and physically much larger in size.

Nevertheless, the French company has since secured over 60 per cent of the European market for production-line identification systems – currently estimated to be around £200 million, and growing by more than 30 per cent a year.

It also has more than half the equally fast-growing US market.

(*The Times*, 16 February 1988)

You should reckon on a period of 2 to $2\frac{1}{2}$ years for the introduction of MRP. Of course, if you already have people with the necessary experience it could take considerably less than that – say eighteen months if everything goes reasonably smoothly. You could try some head-hunting: you might be lucky and find someone who is just finishing a successful start-up with a firm of the right size and who is ready to move over.

Generally speaking, once you have decided on MRP then the quicker you get it operating the better. If things drag on too long the problems pile up: enthusiasm tends to wane, there are staff changes, and the top management starts to get impatient if they are kept waiting too long before any tangible results appear. Everyone I have spoken to has stressed that the full support of senior management is absolutely vital. A good move here is to make sure that at least two – preferably more – of them go on a short course in MRP – those two-day seminars seem to be about right. If the Board is seen to be taking it seriously there will be fewer problems lower down when the very sizeable training task gets into gear. A continuing problem, apparently, is accurate stock control; it seems that almost all the errors are made by the operators, not by the machines, and the only answer is really effective training. For MRP to work the stock records have got to be virtually 100% accurate: the computer works out the optimal production plan from all the variables, and of course if the stock dates are wrong you are in serious trouble. Always remember what they keep saying about computing – 'garbage in, garbage out'!

b Vous êtes en stage au service information de la Statec Technologies à Paris. Un collègue a repéré l'article reproduit ici (Extrait 11.2) dans un quotidien britannique et vous demande la traduction en français.

Vour aurez remarqué que – comme il est souvent le cas avec les articles de journaux – la compréhension n'est pas facilitée par quelques «coquilles» et même une certaine gaucherie dans l'expression. Corrigez-les au mieux en faisant votre traduction.

7 Etude de cas

Après avoir lu le texte qui suit, «Steel Case, le champion des achats», résumez et commentez (par écrit ou oralement) l'expérience Steel Case sous les rubriques suivantes:

a Le fonctionnement dans le temps: les phases du système des achats.

b Les effets sur les stocks.

c Le cas des tissus pour les sièges de bureau.

d Le fonctionnement de la section planification des achats.

e Les résultats exemplaires.

Steel Case, le champion des achats

Pendant quatre années consécutives, l'usine de cloisons de bureau de Steel Case, à Grand Rapids, n'a pas enregistré un seul retard sur son planning de livraison. Et les quatre autres usines du même site (sièges, bureaux, systèmes de bureau, dossiers) sont à peine moins bonnes! En tout, ces cinq usines sortent environ 610 000 produits finis par semaine. «De tels résultats auraient été impossibles à obtenir si notre service achats n'avait pas été lui-même très performant», dit Larry Barton, directeur de l'usine de chaises. Qu'on en juge: aujourd'hui, le service achats de Steel Case, commun aux cinq usines, livre 99% des commandes à la date prévue.

Ces performances trouvent leur source dans une idée très simple: puisque le MRP permet de faire des prévisions, pourquoi ne pas en faire profiter les fournisseurs. De cette façon, ceux-ci, en ajustant leurs propres plannings en conséquence, pourront réduire leurs délais de livraison tout en les respectant beaucoup plus facilement. C'est pourquoi, chaque semaine, les 220 fournisseurs de Steel Case reçoivent un listing récapitulant toutes les commandes les concernant, sur un horizon de treize semaines. Ce document est fabriqué par le MRP. Les quatre premières semaines du listing correspondent à des commandes fermes, les prévisions de besoins étant indiquées aussi pour la cinquième semaine et pour les deux mois suivants. Chaque semaine de planning glisse, et la cinquième semaine devient ferme, et ainsi de suite. Les acheteurs restent en liaison étroite avec les fournisseurs et leur communiquent toutes modifications de planning. Si un ordre est reporté, sa date de livraison est reculée d'autant, avec l'accord du fournisseur.

«Inutile de faire des stocks chez nous», dit Dave Holtrop, directeur de la planification des achats. «De plus, si un fournisseur constate que sa dernière commande reste en souffrance sur le quai de réception, il perdra confiance dans nos dates d'échéance», ajoute-t-il. Or il a fallu plus d'une année pour construire cette confiance par des réunions et des séances d'explications. Aujourd'hui le pari est gagné. «Nous avons acquis une telle crédibilité que certains de nos fournisseurs anticipent sur les commandes fermes et fabriquent pour leurs stocks et à leurs propres frais», dit Dave Holtrop. «Le système permet au fournisseur de travailler avec son vrai temps de fabrication», poursuit-il.

Ainsi le délai de livraison d'un fournisseur de tissus a été réduit de dix à trois semaines lorsqu'on s'est aperçu que les deux dernières semaines étaient consacrées à la teinture. Il lui suffisait de lancer la fabrication de tissus écrus sur la base du planning de treize semaines, Steel Case ne lui communiquant la ventilation suivant les dix-huit types de couleurs qu'il utilise que trois semaines avant la livraison (soit avec encore une semaine de marge).

Chez Steel Case, le service achats est responsable non seulement des achats, mais aussi de leur planification et du stock. C'est lui-même qui, au vu des besoins exprimés par le MRP, décide de lancer un ordre d'achat. La partie planification des ordres est assurée par six planificateurs chargés de planifier (ou de replanifier) les ordres et de s'assurer qu'ils rentrent dans les délais. La partie achats revient à dix acheteurs. Chacun d'entre eux se chargeant d'une catégorie de produits (tissus, rembourrage de sièges, aciers, etc). Ce sont eux qui ont la tâche de sélectionner les fournisseurs, de négocier les prix, de surveiller la qualité, de trouver des fournitures de remplacement le cas échéant, etc. «Ce ne sont plus des suiveurs de pièces sur-payés, ils peuvent enfin faire ce à quoi ils sont destinés, c'est-à-dire bien dépenser leur argent».

Une exploitation annexe du système est en cours de mise en place: l'évaluation des performances des fournisseurs en délais, rapport qualité – prix ainsi que son symétrique, l'évaluation des acheteurs. (Pierre Laperrousaz, op. cit.)

8 Résumé

Un consultant européen recueille systématiquement des renseignements sur les applications du MRP, en général sous forme d'un résumé de 100 à 150 mots stocké sur disquette de micro-ordinateur. Rédigez en français le texte du résumé pour le cas Steel Case.

12 Le marché unique

Préparer 1992

Le défi: créer un espace économique unique. L'idée de créer un espace économique européen fondé sur un marché commun n'est pas nouvelle. Les premières lignes du traité de Rome (signé en 1957) précisaient cet objectif comme suit: «la Communauté a pour mission, par l'établissement d'un marché commun et par le rapprochement progressif des politiques économiques des Etats membres, de promouvoir un développement harmonieux des activités économiques dans l'ensemble de la Communauté».

Aujourd'hui, il n'y a toujours pas de véritable marché commun. Pourtant, cruelle ironie, la CEE est souvent désignée sous l'appellation de «marché commun». Normes techniques nationales, différences fiscales trop marquées,

règles administratives particulières, les obstacles sont en-
15 core nombreux à la réalisation d'un véritable grand marché
intérieur. C'est la levée de tous ces obstacles que se sont
fixés comme objectif les membres de la CEE lors de la
signature, en février 1986, de «l'Acte unique européen».
Une date butoir a été fixée pour le franchissement de ce que
20 le président John Fitzgerald Kennedy, s'il avait été
européen, aurait certainement appelé une «nouvelle frontière»: le 31 décembre 1992. La création de ce grand marché
intérieur sera accompagnée de toute une série de mesures
complémentaires touchant à la monnaie, à l'espace social, à
25 la recherche et à l'environnement. Cela, tous les dirigeants
de PME (petites et moyennes entreprises) ou de PMI
(petites et moyennes industries) françaises l'ont lu dans les
journaux, entrendu à la radio ou vu à la télévision. Pourtant, l'information n'est pas passée. La vérité est que
30 l'Europe de 1992 ne semble pas mobiliser les chefs d'entreprise français.

En termes de stratégie commerciale, les PME interrogées
dans un sondage récent appréhendent l'Europe de 1992
comme une opportunité; même si une entreprise sur deux
35 y voit un accroissement de la concurrence. Elle redoute en
particulier la concurrence de la RFA, de l'Italie et l'Espagne.
Dans leur ensemble, les PME sont favorables à l'abolition
des frontières techniques et des contrôles des marchandises. Elles approuvent également la création d'un espace
40 industriel européen. 25% des entreprises estiment que
l'Acte unique ne changera rien à leurs conditions actuelles;
pour 14% d'entre elles, leur position sur le marché français
sera affaiblie, alors que 8% pensent, en revanche, que leur
part de marché sera renforcée. Les autres, soit 62%, esti-
45 ment que l'Acte unique leur servira surtout à développer
leurs positions dans les autres pays européens. Si elles
avouent n'avoir qu'une connaissance relative de l'Europe,
les PME se montrent volontiers européennes, en
préconisant l'adoption d'un label «Made in Europe». Con-
50 scientes de la bonne volonté, mais aussi du manque
d'information des dirigeants d'entreprise, l'administration
communautaire et celle de chacun des pays membres ont
mis en place un ensemble de banques de données sur 1992.

Une information à la disposition des PME – l'Euroguichet

55 Dans une Europe qui se construit souvent par des moyens assez complexes, l'information est un facteur de plus en plus important de la vie des entreprises. Bien souvent, les PME ne sont pas en mesure de suivre les modifications de la législation, ou ne sont pas au courant des opportunités 60 qui leur sont offertes. Prenant en compte les expériences déjà lancées dans certains Etats membres, la Commission a décidé de créer les «euroguichets entreprises», appelés encore «euro-info-centres». Il s'agit de bureaux polyvalents situés dans une zone déterminée, et destinés à venir en 65 aide aux PME de cette zone. Reliés à une équipe centrale de la «task force» de Bruxelles, ayant accès aux banques de données communautaires, ces euroguichets gèrent des flux d'information bi-directionnels. Chacun d'entre eux exerce une fonction d'information communautaire (législation, 70 aide, prêts, programmes de recherche, marché intérieur, marchés des pays tiers, etc) ainsi que, le cas échéant, une fonction de conseil (par exemple, pour les dossiers de candidature faisant suite à des appels d'offre) et une fonction d'alerte marché intérieur (plaintes relatives aux 75 entraves aux marchés intérieurs, problèmes de concurrence, etc).

En novembre 1987, Jacques Delors, président de la Commission économique européenne, a inauguré à Bordeaux le premier de ces trente-neuf euroguichets, dont l'ouverture 80 dans les douze pays de la CEE doit s'étaler jusqu'en 1989. Cinq ont été attribués à la France. Outre Bordeaux, ils seront implantés à Lyon, Metz, Nantes et Strasbourg. La gestion et l'administration de l'euroguichet de Bordeaux ont été confiées au comité d'expansion Aquitaine, qui a le 85 soutien d'un groupe de travail rassemblant les chambres régionales d'agriculture, des métiers, de commerce et d'industrie ainsi que le centre de recherches et de documentation européennes de l'Université de Bordeaux I.

A côte des euroguichets, la Commission continue à 90 déployer d'autres moyens d'information, notamment un manuel pratique sur les «actions de la CEE intéressant les petites et moyennes entreprises», et un bulletin mensuel,

«Euro-info», diffusé à 35 000 exemplaires, informant les milieux professionnels des initiatives communautaires susceptibles d'avoir un impact sur les PME. La Commission a également mis en œuvre le système Euronet-Diane, qui met à la portée des entreprises plus de 300 bases de données informatiques. En France, le ministère de l'industrie, des PTT et du Tourisme a mis en place sur minitel une banque de données de plus de 2000 pages, spécialisée dans les directives comunautaires, la normalisation, la fiscalité, etc.

Les voies d'accès des PME au grand marché européen

Plusieurs voies sont déjà empruntées par les PME pour accroître leur volume d'affaires avec les autres pays de la CEE. Il s'agit, tout d'abord, de la sous-traitance industrielle, assez fortement développée dans les zones frontalières, mais aussi à une échelle géographique plus large, grâce, en particulier, à des manifestations comme le salon européen de la sous-traitance.

Au-delà des liens entre donneurs d'ordre et sous-traitants, il existe pour les PMI deux canaux particuliers pour lancer une activté exportation à moindres frais, tout en bénéficiant du savoir-faire des spécialistes.

Le premier consiste à faire appel à une «société de gestion à l'exportation», qui se substitue à l'entreprise pour réaliser des études de marché à l'étranger, mettre en place un réseau de distribution, et, surtout, préconiser une stratégie de développement à l'exportation.

Le second est le «piggy-back», encore appelé «portage à l'exportation», et déjà pratiqué par une trentaine de grands groupes industriels français. Ils mettent au service des PME–PMI leur infrastructure et leur logistique, moyennant une commission. Dans les deux cas, il est préférable que ce concours externe soit considéré comme transitoire, pour une période de deux ou trois ans, le temps de mettre en place un réseau de distribution et de bâtir un réseau d'affaires maîtrisé et rentable.

Par ailleurs, certains regroupements à caractère technique, financier ou commercial, comme les «confidi» italiens
130 ou les GIE (groupements d'intérêt économique) français, permettent à des firmes de taille limitée de mettre en commun certains de leurs moyens pour assurer une présence sur les marchés étrangers.

Dans un autre domaine, la franchise constitue pour
135 certaines PME un moyen privilégié pour étendre leur réseau de distribution au delà des frontières françaises. Ce mode de développement, qui a connu une rapide expansion en France au cours des dix dernières années, a permis à de jeunes entreprises de devenir rapidement de grandes
140 entreprises (Yves Rocher, la Brioche Dorée . . .) disposant d'un véritable réseau international. La franchise paraît être un type de développement susceptible de faire émerger des entités importantes au niveau commercial, mais sachant préserver l'indépendance des PME et les spécificités cultu-
145 relles des divers pays de l'Europe des Douze.

Les professionnels du tourisme ont tout à gagner à l'horizon 92, la France se situant au centre de la nouvelle Europe et disposant – c'est bien connu – d'un capital climatique, gastronomique et culturel exceptionnel. Toutefois,
150 les efforts de promotion commerciale à l'étranger, et d'adaption des structures d'accueil et de restauration, doivent être renforcés pour affronter la concurrence grandissante de l'Espagne, de l'Italie et de la Grèce, pour ne citer que ces seuls partenaires méditerranéens.

155 **Les études de marché à l'échelle européenne**

Les sociétés d'études de marketing n'ont pas attendu l'approche de 1992 pour s'intéresser au marché unique. Elles l'ont déjà découvert par l'intermédiaire des firmes multinationales, qui – depuis longtemps – leur comman-
160 dent des études de marché sur plusieurs pays. Le consommateur européen ne va pas naître le matin du 1er janvier 1993. Des siècles d'histoire et de particularismes ne s'effacent pas d'un trait sur décision administrative. Même en «polissant» au maximum les douze mentalités pour qu'elles

165 apparaissent homogènes et puissent être «gavées» des mêmes produits, leurs différences existent, et il faut donc les connaître. Les sociétés d'études en tiennent compte pour expliquer les comportements et les attitudes des Européens.

170 Depuis 1977, McCann Erickson mène régulièrement une étude par sondages auprès des jeunes Européens de 14 à 25 ans. Trois tendances générales s'en dégagent:

Les jeunes Européens sont revenus à une attitude plus réaliste et moins idéaliste que n'était celle de leurs
175 aînés;
Ils jouent le jeu de la consommation sur une toile de fond de communication publicitaire, qu'ils aiment et décodent avec virtuosité;
Les Français se montrent plus internationalistes que leurs voisins. Ils croient aux Etats-Unis d'Europe.
180 (Adapté de Gabriel Henry et Jacques Lafaye, 1988)

Références bibliographiques

Sources

G. Henry et J. Lafaye, «Préparer 1992», rubrique «Dossiers du gestionnaire» dans *Informations Entreprise*, No. 47, juillet–août 1988, pp. 99–105.

«The Single market – an action check-list for business», 2nd edition, Department of Trade and Industry, London, 1988.

Pour en savoir plus

CFCE, *Exporter, pratique du commerce international* (Paris: Foucher, 1985).

Exercices

1 Rèpondez

a Expliquez le terme «normes techniques nationales» (12–13). En quoi l'existence de telles normes représente-t-elle un obstacle à la réalisation d'un vrai marché commun?

b Expliquez l'allusion à «une nouvelle frontière» (l. 21).

c Selon vos observations, les chefs d'entreprise britanniques semblent-ils plus «mobiliser» (l. 30) que leurs homologues français, ou moins?

d Que pensent les industriels français de la concurrence européenne?

e Que signifient les termes «frontières techniques» (l. 38) et «contrôle des marchandises» (ll. 38–9)?

f Les chefs d'entreprise sont-ils plutôt optimistes ou pessimistes face aux effets attendus de l'Acte unique (l. 41)?

g Donnez quelques exemples de types d'information qui pourraient être fournis par ces «banques de données sur 1992» (l. 53).

h Expliquez ce que sont «les dossiers de candidature faisant suite à des appels d'offre» (ll. 72–3).

i Quelle est la mission essentielle des euroguichets (l. 79)?

j Expliquez en quelques phrases le fonctionnement des euroguichets (lignes de communication, types d'information, fonctions . . .).

k Comment expliquez-vous le choix des cinq villes désignées pour l'implantation des euroguichets français?

l Dans quelle mesure l'euroguichet de Bordeaux fera-t-il appel aux ressources régionales?

m Outre ces cinq bureaux, quelles autres sources d'information – écrite ou électronique – sont à la disposition des industriels et professionnels en France?

n
(i) Qu'est-ce que la sous-traitance (l. 106)?
(ii) Expliquez pourquoi cette pratique tend à être plus développée en zone frontalière qu'à l'intérieur du pays.

o
(i) Expliquez le rôle de la «société de gestion à l'exportation» (ll. 114–15).
(ii) Distinguez ce service du «portage à l'exportation» (ll. 119–20).
(iii) Pour quelles raisons, selon vous, serait-il préférable que la PME ne fasse appel à de tels services que pendant une période «transitoire» (l. 124)?

p Le texte fait allusion à une autre forme de collaboration entre firmes destinée à faciliter leur pénétration sur les marchés étrangers. Laquelle?

q Expliquez le principe de la franchise (l. 134), et citez quelques exemples - français, britanniques, américains ou autres.

r Avec la mise en place de la nouvelle Europe, l'industrie du tourisme devra prendre un nouvel essor, et dans ce domaine la France possède de sérieux atouts. Quels sont ces atouts? La France est-elle sûre de se tailler la part du lion dans ce secteur en l'an 2000?

s En 1993 le consommateur européen sera-t-il un phénomène nouveau, inconnu jusqu'alors des instituts d'études de marché?

t Expliquez la phrase «Des siècles d'histoire et de particularismes ne s'effacent pas d'une trait sur décision administrative» (ll. 162–3).

u Qu'entendez-vous par la phrase «Ils jouent le jeu de la consommation sur une toile de fond de communication publicitaire, qu'ils aiment et décodent avec virtuosité» (ll. 175–7)?

2 Exploration du lexique

a *Autrement dit . . .*
Expliquez chacune des expressions suivantes tirées du texte, ou trouvez-lui un équivalent qui pourrait être utilisé à sa place sans en changer le sens:

une date butoir (l. 19)
mesures complémentaires (ll. 23–4)
l'information n'est pas passée (l. 29)
part de marché (l. 44)
une connaissance relative (l. 47)
bureaux polyvalents (l. 63)
banques de données communautaires (ll. 66–7)
des flux d'informations bi-directionnels (ll. 67–8)
entraves aux marchés intérieurs (l. 75)
savoir-faire des spécialistes (l. 113)
moyennant une commission (ll. 122–3)
un réseau d'affaires maîtrisé et rentable (ll. 126–7)
efforts d'adaptation des structures d'accueil (ll. 150–1)
en «polissant» au maximum (ll. 163–4)
«gavées» (l. 165)

b *A noter, à différencier . . .*
Dans le contexte de la communauté européenne on entend assez souvent le mot «espace» accompagné d'un qualificatif comme, par exemple, «espace économique» (l. 1), «espace social» (l. 24) et «espace industriel» (ll. 39–40). Expliquez ces trois expressions, et essayez de trouver pour chacune un équivalent en anglais.
Quelles autres expressions utilisant le mot «espace» avez-vous repérées dans vos lectures par ailleurs?

3 Exposé en équipe

Dans le texte la franchise est qualifée de «moyen privilégié» pour certaines entreprises «pour étendre leur réseau de distribution» (ll. 135–6). Par équipes, préparez et présentez un exposé de 5 à 10 minutes sur les caractéristiques essentielles de cette forme d'entreprise, en citant l'exemple d'une ou plusieurs opérations de franchise que vous connaissez.

4 Version

Traduisez en anglais le texte suivant:

La stratégie européenne en matière de normes

L'existence de règles et de normes nationales différentes en matière de produits constitue une entrave considérable pour les industriels européens. Elle oblige bien souvent les entreprises à fabriquer douze versions différentes du même produit, qui sont ensuite soumises à douze procédures de tests et d'agréments particuliers. Résultats: une augmentation des coûts de production, un gonflement des stocks et une compétitivité amoindrie sur les marchés internationaux.

Au lieu de s'atténuer, ces obstacles ont au contraire eu tendance à s'accroître au cours de ces dernières années. Après la suppression des barrières douanières, les tentatives protectionnistes ont en réalité pris de nouvelles formes, encore plus sournoises. Le développement rapide de l'innovation technologique a également incité la plupart des instituts nationaux à créer de nouvelles normes, afin de protéger leur avance technologique.

Le problème ne réside en réalité pas dans l'existence des normes, mais dans leurs contradictions d'un pays à l'autre. Les normes sont de toute évidence nécessaires pour assurer une production suffisamment rationnelle, et pour garantir les consommateurs contre des produits ne disposant pas d'un niveau de qualité et de sécurité suffisant. Pour sortir de l'impasse, la Communauté européenne a, dans un premier temps, cherché à mettre en place un système de normes unique, commun à tous les Etats. Cette tentative de réglementation par le «haut» s'est rapidement révélée inefficace. Une nouvelle stratégie a donc été adoptée: celle de la reconnaissance mutuelle. C'est-à-dire l'application d'un principe de confiance réciproque élémentaire au niveau européen.

Ce principe signifie qu'un produit légalement fabriqué et commercialisé dans un des Etats membres aura automatiquement le droit d'être vendu librement, même si les normes en vigueur sont différentes. Pour certains produits sensibles, la législation communautaire en cours d'élaboration fera cependant clairement la distinction entre les domaines où une harmonisation est nécessaire, et ceux où la reconnaissance mutuelle des normes est suffisante. Elle contribuera également à fixer, de manière obligatoire pour tous les Etats membres, les exigences essentielles, en matière notamment de santé de sécurité.

(Henry et Lafaye, 1988)

5 Résumé

Travaillant dans le service documentation et information d'une importante société d'études britannique, vous participez à la préparation d'un document sur les créneaux susceptibles de s'ouvrir à l'industrie française dans l'Europe d'après-1992. En tant que contribution à cette étude, résumez en anglais en moins de 100 mots le contenu du texte suivant:

L'ouverture des marchés publics

Les marchés publics sont aujourd'hui, dans tous les pays européens, fortement protégés et pratiquement réservés aux seuls fournisseurs nationaux. Ces marchés représentent près de 10% du PIB communautaire pour les seuls achats relevant du budget des Etats, et près de 20% si on y ajoute ceux des entreprises publiques. Les règles fondamentales du Traité de Rome, c'est-à-dire la libre circulation des biens et des services, s'appliquent pourtant de plein droit aux marchés publics. A l'exception de quelques secteurs protégés, comme l'eau, l'énergie, les transports, les télécommunications et le militaire, ces marchés sont normalement accessible à tous. Or, dans le cas des marchés «ouverts», cette règle n'est respectée qu'une fois sur quatre.

La Commission européenne est désormais bien décidée à faire respecter les règles communautaires. Elle a ainsi déposé, fin 1986, des propositions concrètes visant à modifier les directives de 1971 et 1977, qui traitaient des marchés publics. Son objectif est d'harmoniser les procédures de passation des commandes, d'assurer des règles communautaires dans le domaine technique, et de garantir des règles communes de publicité. Jusqu'à présent, les Etats avaient en effet trop souvent tendance à se réfugier derrière une transposition incorrecte des règles dans leur propre droit, et derrière un recours abusif aux innombrables exceptions. La Commission préconise par ailleurs des interventions préventives en cas de manquement à la discipline communautaire, et elle propose de créer un système de recours rapide en cours d'adjudication. Elle demande aussi un renforcement de ses pouvoirs d'intervention, pouvant aller jusqu'à la suspension de la procédure d'un appel d'offres faisant l'objet d'un litige.

S'agissant des marchés jusqu'à présent protégés, une ouverture graduelle est prévue, pour parvenir à une libéralisation totale d'ici à la fin de 1992. Cette ouverture a d'ailleurs déjà commencé dans les domaines des télécommunications.

Pour mieux informer les entreprises intéressées par les marchés publics, la Commission vient de publier un «vade mecum» précisant l'interprétation des textes existants. Cet outil de travail ne prétend pas répondre à toutes les questions, ni lever toutes les incertitudes qui peuvent surgir dans un domaine aussi vaste que celui des marchés publics, mais il est conçu comme un véritable guide technique et législatif. La première édition de cet ouvrage sera progressivement complétée par des mises à jour régulières, pour tenir compte de l'évolution des textes.
(Henry et Lafaye, 1988)

6 Essai

a «Aujourd'hui il n'y a toujours pas de véritable marché commun» (ll. 10–11). A votre avis «l'espace économique européen» est-il un objectif réalisable?

b «Les Français se montrent plus internationalistes que leurs voisins» (ll. 178–9). Commentez cette constatation.

7 Discussion

a En groupe, tâchez d'examiner pourquoi les chefs d'entreprise des deux côtés de la Manche ne semblent pas être suffisamment mobilisés devant le défi du marché unique. Tâchez également d'identifier des mesures d'incitation qu'ils jugeraient utiles et réalistes.

b Dans le premier paragraphe du texte on cite la mission de la Communauté européenne telle qu'elle a été conçue en 1957. Vous paraît-elle trop modeste aujourd'hui? Quels devraient être les objectifs de la Communauté dans la décennie à venir, et quels obstacles seront les plus redoutables?

c Dans le texte de référence l'adoption d'un label «Made in Europe» est préconisée (l. 49). L'idée vous paraît-elle bonne? En groupe, discutez du bien-fondé de cette proposition, et efforcez-vous de prendre position fermement pour ou contre. Vous pouvez, si vous le voulez, chercher à défendre les intérêts d'une industrie donnée. En tout état de cause, tâchez de mener un débat vigoureux, et quand vous aurez fait le tour de la question, formulez une proposition et passez au vote.

8 Travail de groupe

Vous faites partie d'un groupe de 4 à 8 personnes, tous stagiaires dans une grande société hôtelière franco-britannique. Assistant tous à un salon et congrès de l'hôtellerie à Paris, vous êtres réunis en groupe de travail (du type «brainstorming») sur le thème de «l'hôtellerie de l'an 2000». On vous a invité à passer en revue les forces et les faiblesses de l'hôtellerie et de la restauration dans vos deux pays et à identifier les pays qui vous opposeront la plus vive concurrence dans l'Europe de l'aprés-1992. Un membre de votre groupe résumera vos conclusions à l'intention d'un rapporteur français (en l'occurrence un cadre supérieur de votre société) qui sera chargé de les présenter par la suite à une séance plénière du congrès.

9 Thème

Vous travaillez au service contrats d'une société britannique qui vient de signer avec une entreprise française un accord de principe portant sur un important marché. Un échange de cadres techniques et commerciaux a déjà eu lieu, et l'un des Français, ayant reçu une copie interne d'une lettre adresée au PDG de sa firme en France, vous demande d'avoir l'obligeance de lui fournir la traduction en français de cet extrait:

> Our board was delighted with the outcome of last week's meeting, and my Chairman asked me to thank you particularly for all the hard work you put in to ensure that the whole agenda was covered so expeditiously and so satisfactorily.
> Turning to one point that emerged later, I thought I would write to say that we agree with you 100% that it is vital that the contract be drawn up properly – we have learned from some unfortunate experiences in the past that in this respect more haste invariably means less speed. Our two contracts departments will need several weeks to hammer out the terms and the precise wording in both languages. When one is talking about a contract worth some three million ECUs over the next four years the need for a little care now does not have to be stressed!
> You will be pleased to hear that my office services manager has confirmed that there will be no problems with communications between the two head offices: even when they are working at full stretch there should be ample capacity for all the likely cross-Channel traffic – telex, telephone, fax and data transmission.

10 Thème oral

Un collègue français vous aborde dans le couloir et vous demande de lui traduire au pied levé la «check-list» reproduite ici (Extrait 12.1), tirée d'une plaquette éditée par le Department of Trade and Industry britannique.

Extrait 12.1

Sales

Europe is open for business. Are you ready to sell to the larger market? Are you ready to launch your new advertising campaign? Are you ready with your revamped sales material?

KEY QUESTIONS AND TASKS

1. How do you reach the customers?

- ☐ investigate the trade structure, such as wholesalers and retailers
- ☐ identify buying points
- ☐ find out about buying procedures, terms and practices, such as the preferred currency for invoicing
- ☐ consider how far you need to know the local language
- ☐ examine different selling approaches, including brokers and agents
- ☐ find out how your competitors are using advertising, promotion, trade discounts

2. How can you sell into this market?

- ☐ consider regional test marketing
- ☐ establish your sales targets
- ☐ decide on your total sales and promotion budget
- ☐ decide on your selling organisation

3. What sales literature is necessary?

- ☐ assess suitability of existing material for European markets
- ☐ arrange translation where necessary

4 How should you advertise?

- ☐ examine your existing advertising
- ☐ assess differences in national media availability and cost
- ☐ decide on your advertising budget

5. How will you provide after-sales service?

- ☐ consider relative merits and costs of direct provision or subcontracting

Practical help and advice may be available through DTI's Marketing and Export Initiatives (see page 19).

(Department of Trade and Industry, London, 1988)

Bibliographie générale

J. M. Albertini, *L'économie basique*, (Paris, Nathan, 1988)
Animez un cercle de qualité (Paris: Chotard, 1987)
J. Antoine, *L'opinion, techniques d'enquêtes par sondage* (Paris: Dunod, 1969)
J. Antoine, *Le sondage, outil du marketing* (Paris: Dunod, 1981).
P. Baranger, *Gestion de la production* (Paris: Vuibert, 1987).
J. Bergeron et P. Turcotte, *Les cercles de qualité* (Paris: Chotard, 1984).
F. Bouquerel, *L'étude de marchés au service des entreprises* (Paris: PUF, 3me édition, 1974).
J-M. Bouroche, *Analyse des donnés en marketing* (Paris: Masson, 1977).
CFCE, *Exporter, pratique du commerce international* (Paris: Foucher, 1985).
J. Y. Capul et D. Meurs, *Les grandes questions de l'économie française* (Paris: Nathan, 1988).
B. Cathelat, *Les styles de vie des Français 1978–1998* (Paris: Stock, 1977)
M. Chevalier, *Fixation des prix et stratégie marketing* (Paris: Dalloz, 1977).
Y. Chirouze, *Le marketing, de l'étude de marché au lancement d'un produit nouveau* (Chotard et associés, éditeurs, 1985).
J. M. Choffray, F. Dorey, *Développement et gestion des produits nouveaux* (Paris: McGraw-Hill, 1983).
A. Danon, S. Demaux, *Le guide pratique des études de marché* (Paris: CLET, 1988).
A. Dayan et autres, *Marketing* (Paris: Presses Universitaires de France, 1985).
B. Demazat *et autres, Anglais technique (textes bilingues)* (Paris: Collection ENSAM).
Foreign business – Affaires internationales (1981).
Production management – Gestion de production (1986).
The telephone and business – Le téléphone et les affaires (1987).
Modern marketing – Le marketing moderne (1987).
M. Deroo, A-M. Dussaix, *Pratique et analyse des enquêtes par sondage* (Paris: PUF, 1980).
J. Desabie, *Théorie et pratique des sondages* (Paris: Dunod, 1966).
P. Diou, *Initiation aux techniques de la commercialisation* (Paris: Dubois, 1981).

P. Drucker, *La nouvelle pratique de la direction des entreprises* (Paris: Editions d'Organisation, 1975).
E. Duprey, T. Devers, I. Raynand, *La communication interne* (Paris: Editions d'Organisation, 1988).
M. Dupuis, *Distribution, la nouvelle donne* (Paris: Editions d'Organisation, 1986).
C. Dussart, *Comportement du consommateur et stratégie de marketing* (Montréal: McGraw-Hill, 1983).
Y. Evrard, P. Le Maire, *Information de décision en marketing* (Paris: Dalloz, Collection Gestion, 1976).
J. P. Flipo, *Le Management des entreprises de services* (Paris: Editions d'Organisation, 1984).
P. E. Green, D. S. Tull, *Recherche et décision en marketing* (Grenoble: Presses Universitaires de Grenoble, 1974).
J. Habib, J-Ph. Rensonnet, *Le marketing des nouveaux produits* (Paris: Dunod Entreprise, 1975).
J.-P. Helfer, J. Orsoni, *Marketing* (Paris: Vuibert, collection Gestion, 1981).
M. Hughes, *Segmentation et typologie* (Paris: Bordas, 1970).
H. Jacquart, *Qui, quoi, comment? La pratique des sondages* (Paris: Eyrolles, 1988).
J. N. Kapferer, *Les chemins de la persuasion* (Paris: Gauthier-Villars, 1978).
J. N. Kapferer, *Rumeurs* (Paris: Seuil, 1986).
P. Kotler, B. Dubois, *Marketing management* (Paris: Publi-Union, 1981, 4me édition).
J. J. Lambin, *Le marketing stratégique* (Paris: McGraw-Hill, 1986).
J. J. Lambin, R. Peeters, *La gestion marketing des entreprises* (Paris: Presses Universitaires de France, 1977).
J. P. Leknisch, *La communication dans l'entreprise* (Paris: PUF Que sais-je? édition 1985).
H. Lesca, *Structure et système d'information* (Paris: Masson, 1982).
H. Lesca, *Système d'information pour le management stratégique de l'entreprise* (Paris: McGraw-Hill, 1986).
T. Levitt, *L'esprit marketing* (Paris: Editions d'Organisation, 1972).
T. Levitt, *Le marketing à courte vue, Encyclopédie française du marketing* (Paris: Editions Techniques, 1975).
T. Levitt, *L'imagination au service du marketing* (Paris: Economica, 1985).
C. Lhermie, *Etudes de marché* (Editions Sirey, Paris: Collection Administration des Entreprises, 1981).
J. P. Mairet, S. Pestel, *Comment implanter la bureautique dans votre entreprise* (Paris: Dunod, 1985).
P. Mathelot et autres, *La Bureautique* (Paris: PUF Que sais-je? édition 1984).
G. Mermet, *Francoscopie. Les Français: qui sont-ils? où sont-ils?* (Paris: Larousse, 1985).
H. Mintzberg, *Structure et dynamique des organisations* (Paris: Editions d'Organisation, 1984).

A. A. Moles, *Théorie structurale de la communication et société* (Paris: Masson, 1986).
A. Morgensztern, 'Une synthèse des travaux sur la mémorisation des messages publicitaires', dans S. Piquet, *La publicité, nerf de la communication* (Paris: Editions d'Organisation, 1983).
D. Moth-Gautrat, *Pour une nouvelle culture d'entreprise* (Paris: La Découverte, 1986).
Y. Négro, *L'étude du marché* (Paris: Vuibert, 1987).
D. Ogilvy, *Les confessions de David Ogilvy* (Paris: Hachette, Collection Entreprise, 1964).
J. P. Peaucelle, A-M. Alquier-Blanc, M-F. Barthet, E. Briys, M. Klein, *L'informatique sur mon bureau* (Paris: Vuibert, 1988).
J.-M. Peretti, *Gestion des ressources humaines* (Paris: Vuibert, 1987).
S. Piquet (éd.), *La publicité, nerf de la communication* (Paris: Editions d'Organisation, 1983).
S. Piquet, *Publicité* (Paris: Vuibert Gestion, 1981).
R. Reix, *Parler bureautique* (Paris: Foucher, 1986).
P. Schwebig, *La communication dans l'entreprise* (Paris: McGraw-Hill, 1988).
J. Séguéla, *Hollywood lave plus blanc* (Paris: Flammarion, 1982).
J. Stoetzel, A. Girard, *Les sondages d'opinion publique* (Presses Universitaires de France, collection SUP, 1973).
J.-C. Tarondeau, *L'acte d'achat et la politique d'approvisionnement* (Paris: Edition d'Organisation, 1979).
M. Thévenet, *Audit de la culture d'entreprise* (Paris, Editions d'Organisation, 1986).
J. Vigny, *Petits commerces et grandes surfaces* (Grenoble: Presses Universitaires de Grenoble, 1978).

Dictionnaires

C. Alquier, *Dictionnaire encyclopédique économique et social* (Paris: Economica, 1985).
J. Bremond et A. Geledan, *Dictionnaire économique et social* (Paris: Hatier, 1981).
Collins–Robert French–English/English–French dictionary (London: Collins, 1987).
J. Coveney and S. Moore, *Glossary of French and English management terms* (London: Longman, 1972).
Dictionnaire de l'anglais éeconomique (Paris: Presses Pocket, 1980).
Dictionnaire Français–Anglais/Anglais–Français des affaires (Paris: Larousse, 1968).
G. Fehlmann, *Dictionnaire d'information et de micro-informatique, Anglais–Français* (Paris: Bordas, 1983).
M. Ginguay, *Dictionnaire Anglais–Français d'informatique* (Paris: Masson, 1987).
Harraps Shorter French and English Dictionary (London: Harrap, 1987).

Harraps French and English Business Dictionary (London: Harrap, 1981).
R. Herbst, *Dictionnaire des termes commerciaux, financiers et juridiques, (Français–anglais–allemand)* (Thun: Translegal, 1982).
IMF Glossary, English–French–Spanish (Washington DC: IMF, 1982).
F. Jefkins, *Dictionary of marketing, advertising and public relations* (London: International Textbook Company, 1983 edn).
F. Molina et M. Pradel, *Dictionnaire multilingue des affaires* (Paris: Nathan, 1988).
P. Robert, *Dictionnaire de la langue française (Le Petit Robert)* (Paris: SNL, 1986 edn).
J. V. Servotte, *Dictionnaire commercial et financier* (Verviers: Marabout, 1978).
A. Wiard, *Dictionnaire bilinque d'informatique, Anglais–français, Français–anglais* (Alleur: Marabout, 1985).

Revues et Périodiques

Quotidiens

Les Echos
La Tribune de l'Expansion

Hebdomadaires

Communication
LSA Libre-Service Actualités
Le Monde des Affaires
Le Nouvel Economiste
L'Usine Nouvelle
Stratégées
La Vie Française

Bimensuel

Points de Vente

Mensuels

Challenges
L'Entreprise
L'Expansion
L'Exporation
Fortune France
Industrie
Marketing Mix
Personnel

PME-PMI Magazine
Revue Française de Comptabilité
Science et Vie – Economie
Tertiel

Bimestriels

Business Entreprise
Entreprendre
Gestion 2000
Informatique et Entreprise
Revue Française de Gestion

Trimestriels

Harvard – L'Expansion
Recherches et Applications en Marketing
Revue Française du Marketing

Appendice: Fiche pédagogique

Exercices et moyens techniques					
Rubrique	*Activité*	*Utilisation éventuelle de moyens techniques*			
		Rétro-projecteur	Labo-langues	Magnéto-phone	Magnéto-scope + camera
Etude du texte	Présentation initiale de bande sonore	✓	✓	✓	
	Etude individuelle de bande sonore		✓	✓	
	Etude en groupe du texte	✓	✓	✓	
	Exercices phonétiques, «shadow reading»				
Répondez	Questions et réponses en groupes, en binômes	✓	✓	✓	✓
Thème, Version Résumé, Essai, Commentaire, Rapport, Style indirect,	Travail de groupe sur plan, avant-projet, brouillon, etc.	✓			
	Critique en groupe de propositions, copies, etc.				
Thème oral, Version orale	Traduction orale à vue/préparée	✓	✓	✓	✓
Exposé, Exposé en équipe	Exposé oral	✓		✓	✓
Discussion	Débat, table ronde	✓		✓	✓
A vous de jouer	Jeu de rôle individuel	✓	✓	✓	✓
Exploration du lexique, Définitions	Travail de groupe	✓			